SOMMAIRE

CRÉATIONS

ILS ONT PARTICIPÉ AU LIVRE

SUR LA PLANÈTE

INTRODUCTION

Si la palette de manutention a souvent inspiré les artistes, du plasticien au peintre, elle suscite depuis quelques années un vif intérêt dans le domaine de la décoration intérieure et plus particulièrement dans la création de mobilier.

La récupération de palettes pour réaliser ses meubles s'inscrit dans la mouvance de « l'éco-création », faisant d'elle une matière première de choix pour tous ceux qui souhaitent dépenser peu, bricoler facilement et personnaliser de manière originale leur intérieur. Démontable, empilable, elle offre une multitude de possibilités pour imaginer et créer des meubles sur-mesure.

Réunis autour de ce concept, des bricoleurs passionnés, des créatrices et des designers proposent une série de meubles pratiques et fonctionnels à réaliser soi-même, dont les systèmes de montage et d'assemblage simplifiés ont été pensés pour être accessibles au plus grand nombre. Cet ouvrage présente des créations faciles à fabriquer, ne nécessitant ni savoir-faire spécifique ni matériel de bricolage spécialisé, grâce à des conseils techniques, des plans et des pas-à-pas photos.

Cette démarche fait écho au projet du designer italien Enzo Mari qui, en 1974, initie *Proposta per un'autoprogettazione* et dont le résultat sera l'édition du livre *Autoprogettazione*? aux Éditions Corraini.
« J'ai pensé que si les gens étaient encouragés à construire de leur main une table, ils étaient alors à même de comprendre la pensée cachée derrière celle-ci. » Enzo Mari.

Du fauteuil au lit enfant, en passant par des appliques ou une chaise longue, découvrez les basiques du mobilier, imaginés dans une version palette. Des idées à s'approprier et à interpréter selon ses envies.

CONSEILS AU LECTEUR

Côté bricolage

Vous trouverez, pour chaque création, la liste du matériel de bricolage nécessaire à sa réalisation. Nous précisons que la caisse à outils de base n'est pas présentée à chaque fois. Nous vous donnons donc ici la liste des « basiques » à toujours avoir sur soi pour bricoler :

- un mètre,
- un bon crayon de bois,
- une règle et une équerre métalliques,
- des gants, des lunettes de protection et un masque,
- des tournevis plats et cruciformes,
- des marteaux de différentes tailles,
- des pinces diverses,
- des pinceaux : brosse ronde, brosse à rechampir, brosse plate, mini-rouleau...

Les informations relatives aux tailles des clous, des écrous et des vis sont données à titre indicatif. Adaptez les besoins en visserie en fonction de l'épaisseur de vos planches.

Nous indiquons le type et les dimensions des palettes utilisées, mais vous pouvez réaliser chaque modèle avec d'autres palettes. Les plans sont à adapter au type de palettes que vous récupérerez.

Avertissement : toute installation électrique nécessite une attention particulière, d'autant plus sur un support en bois. Pour votre sécurité, vérifiez les caractéristiques de vos produits lors de l'achat et demandez conseil auprès de professionnels en cas de doute.

Côté création

Chaque pièce proposée est une base de création pour vos propres réalisations. Nous vous encourageons à vous en inspirer et à en fabriquer des variantes.

Nous invitons les lecteurs bricoleurs à nous envoyer des photos de leurs réalisations inspirées du livre à l'adresse suivante :
aureledrouet@free.fr

PETIT HISTORIQUE ET INFORMATIONS PRATIQUES...

Où trouver des palettes? De quels types? Consignées? Traitées ou non? De nombreuses questions auxquelles répondent, d'une même voix, Jean Dossin, président du Sypal*, et Patrice Chanrion, directeur Marketing & Communication du groupe PGS. Rencontre...

Quelle est l'histoire de la palette en bois?

La palette est née aux États-Unis dans les années 1930. Durant la dernière guerre, le gouvernement américain a favorisé le développement de son usage pour transporter et stocker de très grandes quantités de matériels. À la fin des années 1940, nombre de secteurs d'activité américains l'emploient pour demeurer performants et compétitifs. En France, l'industrie a mis du temps à saisir l'intérêt d'utiliser la palette, et, si quelques pionniers l'ont employée dans les années 1950, son utilisation généralisée n'a pas commencé avant 1965, pour atteindre son plein essor à partir de 1970. Le métier de reconditionneur de palettes est, quant à lui, beaucoup plus récent et n'a émergé, en fait, que dans les années 1975-1980. À l'époque, cette activité s'est développée pour, d'une part, répondre à une demande des utilisateurs de palettes qui souhaitaient se libérer des contraintes liées à la consignation et pour, d'autre part, intégrer les économies de matières premières exigées après le premier choc pétrolier.

Quels sont les principaux types de palettes? Existe-t-il des standards?

La palette bois est l'outil indispensable de toute la chaîne logistique pour le rassemblement, le gerbage, l'entreposage, la manutention ou le transport de marchandises et de charges. Elle est utilisée dans tous les secteurs d'activité : agro-alimentaire, mécanique, chimie, BTP, pharmacie, automobile, etc. Pour satisfaire les besoins variés des utilisateurs, les fabricants réalisent différents types de palettes qui, à l'usage, ont été classées en plusieurs familles :

- Les palettes multirotations (ou palettes lourdes) : par définition, elles sont destinées à être réutilisées et conçues pour durer, elles sont donc plus solides que les palettes à usage limité.
- Les palettes unirotations (ou palettes légères), à usage limité, regroupent l'ensemble des palettes « perdues » qui ne doivent, en théorie, effectuer qu'une seule rotation. En pratique, un grand nombre de ces palettes est réutilisé pour d'autres rotations, après réparation si cela s'avère nécessaire. Ces palettes sont souvent fabriquées

*Sypal : Syndicat de l'industrie et des services de la palette

sur mesure pour répondre aux exigences spécifiques des utilisateurs.

- Les palettes normalisées se réfèrent à une norme pour leur fabrication. Celle-ci peut être française, européenne ou internationale. Les palettes normalisées sont toutes, dans la pratique, multirotations.
- La palette Europe. En 1950, sous l'impulsion des chemins de fer internationaux qui traitaient une part importante du fret, une palette de dimension 800 x 1 200 mm a été définie à partir d'un cahier des charges très précis. Cette palette a ensuite été adoptée par 18 réseaux de chemins de fer européens, sous le nom de « palette Europe ». Jusqu'en 1995, la SNCF participait au pool européen de palettes et assurait la défense de la marque. Puis c'est l'EPAL qui a pris la responsabilité de la marque EUR-EPAL.
- Les autres palettes. D'autres palettes standardisées courantes existent, parmi lesquelles on peut citer : les palettes CP (destinées à la chimie), les palettes VMF (destinées aux verreries mécaniques), les palettes cimentières, les palettes GALLIA (destinées à l'industrie automobile), etc.

Qu'est-ce qu'une palette « consignée »?

C'est un qualificatif qui peut recouvrir plusieurs choses. En premier lieu, la palette est consignée si elle fait partie d'un pool qui délimite une appartenance juridique (exemples : palettes ECO-PGS, système de relocalisation de type PAKI, ou cas des loueurs). C'est également le cas des palettes Europe échangeables, mais aussi dans le cadre de pools propres fermés à une profession (exemple : les palettes VMF/Verreries mécaniques de France). Toutes ces palettes sont reconnaissables par leur couleur, leur sigle ou bien des marquages divers. La consigne signifie que, théoriquement, la palette doit être rendue à son propriétaire une fois libérée de sa charge.

Quel est le cycle de vie d'une palette?

Les palettes collectées ne subissent pas toutes le même processus. En fonction de leur état, certaines palettes nécessitent des réparations, d'autres sont non réparables ; enfin, une large majorité ne nécessite pas de réparation. En moyenne, sur une palette détériorée, deux, voire trois éléments sont remplacés ; au-delà, le coût de réparation ne permet plus de faire des bénéfices substantiels lors de la remise sur le marché. Les réparations sont dans 60 à 70 % des cas effectuées avec des sciages « neufs » ; pour le reste, les réparations peuvent être faites à partir de bois récupérés sur des palettes cassées non réparables et de dés en bois moulé.

Quelles sont les essences de bois utilisées pour la fabrication des palettes?

Sauf cahiers des charges spécifiques, contraintes normatives ou législatives particulières, la plupart des essences courantes de bois peuvent être utilisées dans l'emballage. Mais en pratique, leur nombre reste limité. Cinq essences principales sont utilisées pour la fabrication des palettes : peuplier, pin maritime, pin sylvestre, sapin-épicéa, douglas.

Où trouver des palettes pour un usage personnel?

Les possibilités sont multiples, mais il faut toujours faire une demande au détenteur, car normalement, sauf exception, elles ne doivent pas être abandonnées sur la voie publique : grandes surfaces de bricolage (GSB), supermarchés, supérettes, chantiers de construction, reconditionneurs de palettes, marchés, manifestations de type salons, foires, expositions diverses...

Recycler des palettes pour la fabrication de mobilier nécessite quelques précautions, notamment par rapport à leur traitement. Comment reconnaître les palettes traitées et les palettes non traitées?

Dans des conditions climatiques favorables au développement de champignons et pour certaines essences présentant une faible durabilité naturelle, l'application d'un produit de préservation peut être nécessaire. Les produits de traitement sont adaptés à la destination des palettes et sont ceux dont l'efficacité est constatée par des organismes officiels ; ceux-ci agréent uniquement les produits permettant de préserver la qualité des chaînes alimentaires, la santé des personnes et la protection de l'environnement. À titre d'information, la Direction générale de la Concurrence, de la Consommation et de la Répression des Fraudes met à disposition une liste récapitulative des substances et préparations admises dans notre pays dans le domaine des produits de préservation du bois (protection « anti-bleu »), destinés à entrer en contact avec les denrées alimentaires (fruits et légumes). Aujourd'hui, pour limiter l'utilisation de produits de traitement anti-bleu, la profession développe des techniques de séchage artificiel performantes.

Il faut savoir que certaines palettes ont pu être traitées, par le passé, par fumigation au bromure de méthyle (MB), mais ce gaz reconnu toxique est interdit depuis 2010. Les palettes marquées MB sont donc à proscrire. Si vous souhaitez prendre des précautions, utilisez des palettes marquées d'un épi et des lettres HT (Heat Treatment) ; il s'agit d'un traitement naturel sans adjuvant, réalisé à la chaleur (56 °C à cœur du bois pendant 30 minutes) en vue de l'exportation vers certains pays. Selon leur destination, les palettes n'ayant pas besoin d'être traitées ne sont pas marquées. Pour vous assurer de récupérer des palettes propres et saines, évitez les palettes tachées de peinture ou souillées par des produits de natures diverses, difficilement identifiables. Choisissez le lieu où vous les récupérerez et privilégiez les professionnels du reconditionnement de palettes qui sauront vous conseiller utilement. Enfin, le mobilier créé à base de palettes est souvent poncé, voire raboté, étapes qui participent à l'élimination d'un éventuel traitement.

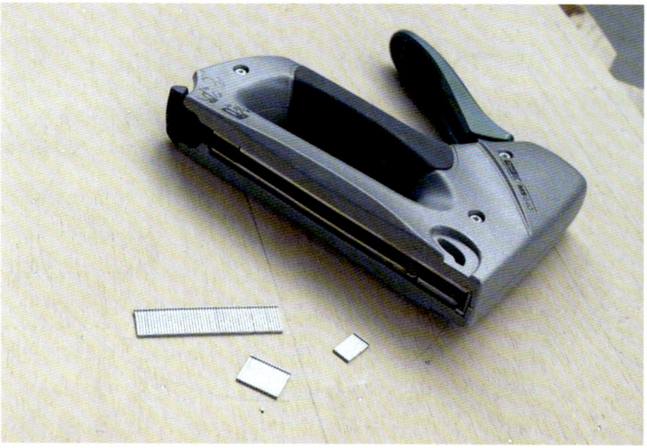

1.

2.

3.

4.

5.

6.

GUIDE OUTILLAGE

L'agrafeuse-cloueuse (1)

L'agrafeuse-cloueuse manuelle est l'outil idéal pour tous les travaux de finition. Légère et compacte, elle permet une pose clouée rapide et précise. Le geste, plus contrôlé qu'avec un marteau, réduit le risque de fendre le bois. Elle permet l'emploi de clous spécifiques comme les pointes à tête d'homme qui assurent un assemblage soigné grâce à leur tête étroite.

La boîte à onglets (2)

Profilée en U, la boîte à onglets est un outil de découpe pourvu d'encoches pour réaliser des coupes à 45° et à 90°. Si la scie à dos est associée à cet outil, vous pouvez néanmoins utiliser une scie égoïne à fine lame, adaptée à la taille des encoches. Placez et maintenez fermement la pièce de bois dans la boîte, puis glissez la lame de la scie dans les encoches situées de part et d'autre, en fonction de l'angle souhaité.

La disqueuse (3)

Dans les dés ou les chevrons, l'épaisseur de la pièce ne permet pas de chasser les clous avec un marteau. Donc, si la pince ou le marteau arrache-clous ne viennent pas à bout des plus résistants, nous vous conseillons la disqueuse, appelée également meuleuse d'angle. Équipée d'un disque métal, elle permet de couper les clous à ras du bois. Veillez à ce que l'outil ne soit pas trop proche de la surface pour ne pas la marquer d'une trace noire ou d'une saignée. Les lunettes, les gants et le casque anti-bruit sont indispensables pour se protéger.

La scie à onglets manuelle (4)

Plus économique à l'achat qu'une scie à onglets électrique, la scie à onglets manuelle permet de réaliser des coupes d'angle de grande précision à 30°, 45°, 60° et 90°. Pour obtenir une coupe de bonne qualité, sélectionnez un outil permettant l'immobilisation de la pièce de bois à découper. Pour une vingtaine d'euros en entrée de gamme, vous pouvez trouver une scie adaptée aux bricolages quotidiens.

La scie sauteuse (5)

Pour garantir une utilisation optimale de votre outil, choisissez une scie sauteuse pouvant couper différentes épaisseurs de bois. Optez pour des modèles avec variateur de puissance de travail pour les sciages à différentes profondeurs et à assiette de semelle modifiable jusqu'à 45° pour la réalisation des coupes en plan incliné. Sélectionnez les lames adaptées à la nature du matériau à scier. L'utilisation de cet outil nécessite le respect de quelques règles de précautions pour réaliser un travail précis en toute sécurité.

La ponceuse triangulaire (6)

La ponceuse triangulaire, ou ponceuse delta, est une ponceuse vibrante parfaite pour les travaux de finition. La petite dimension de son plateau et sa forme en font un outil très pratique pour poncer les petites surfaces plates mais « tourmentées » et accéder aux endroits difficiles. Légère et maniable, elle présente un confort d'utilisation appréciable.

LE DÉMONTAGE D'UNE PALETTE EN BOIS

Le démontage d'une palette en bois nécessite de la patience, de l'attention et beaucoup d'huile de coude ! Le choix d'une méthode dépendra de vos outils et du type de palette à travailler.

Méthode 1 : le ciseau à brique (1 et 2)
Le ciseau à brique permet de couper les clous entre les planches. Insérez-le entre les planches et les chevrons, ou les dés, selon le type de palette, puis tapez dessus avec un marteau.

Méthode 2 : le pied-de-biche et le marteau (3 et 4)
Cette méthode est utilisée pour démonter les palettes à dés.
À l'aide d'un marteau, tapez en alternance sur les dés pour légèrement les décoller. Pour ne pas abîmer le bois et répartir le choc, utilisez une cale de frappe entre les dés et le marteau. Placez votre marteau entre la traverse et le dé, puis faites levier. Reproduisez ce geste avec le pied-de-biche pour terminer le démontage.

Méthode 3 : la scie à métaux (5)
Sciez les clous en plaçant la lame de votre scie à métaux entre les planches et les chevrons, ou les dés, selon le type de palette. Si l'espace pour insérer la lame est trop étroit, faites levier avec un petit tournevis plat pour écarter les planches.

Que faire des clous ?
Vous avez deux possibilités en fonction de la finition que vous souhaitez apporter à votre meuble.

1. Enlever les clous
Si les clous ont été sciés, utilisez un chasse-clou, un petit marteau et une pince pour les enlever. Posez le chasse-clou sur la partie sciée du clou, puis tapez doucement avec le marteau pour le faire ressortir de l'autre côté. Retournez votre planche et retirez le clou avec la pince. Si les clous sont entiers, tapez sur la pointe pour les faire ressortir, puis ôtez-les avec une pince. Rebouchez les trous avec de la pâte à bois.

2. Conserver les clous (6)
Coupez la pointe qui dépasse de votre planche avec une scie à métaux ou une meuleuse d'angle.

À la lecture de l'ouvrage, vous constaterez que nous avons préféré conserver les clous dans nos créations. Nous pensons, en effet, que cet élément caractérise tout simplement l'esthétique de la palette en bois.

1.

2.

3.

4.

5.

6.

LE LIT ENFANT LE MARCHAND DE SABLE

La chambre d'un enfant est le reflet de son monde, de son univers. Une pièce où il dort, joue, s'éveille... Une pièce dont l'aménagement demande de l'attention pour qu'il s'y sente bien et dont le lit est l'un des meubles les plus importants. Pour nos bambins, dont le sommeil est primordial lors de la croissance, il se doit d'être confortable et accueillant pour promettre de douces nuits. *Le marchand de sable* est la solution idéale pour un passage tout en douceur du lit à barreaux au grand lit. Votre bambin ne sera pas perdu dans ce cocon de bois aux multiples rangements. Un premier lit pour devenir grand !

Le marchand de sable évoque ce personnage imaginaire qui laisse tomber du sable dans les yeux des enfants pour les endormir à la nuit tombée. Il représente symboliquement le sommeil.

CRÉATION INSPIRÉE PAR :
LORI DANELLE (loridanelle.com)

RÉALISATION :
AURÉLIE DROUET & JÉRÔME BLIN

LE LIT ENFANT LE MARCHAND DE SABLE

LA BOÎTE À OUTILS

Matériel

- Scie sauteuse
- Scie égoïne
- Marteau
- Clef plate
- Perceuse-visseuse
- Disqueuse
- Ponceuse excentrique
- Serre-joints
- Pinceaux : 1 petit rouleau mousse et 1 pinceau rond

Fournitures

- 2 palettes à chevrons double face de 900 x 1 100 mm
- 2 palettes à dés 600 x 800 mm à plancher supérieur jointif
- Vis à bois antifendage
- Clous
- 3 boulons + rondelles *(ø 80 x L. 80 mm)*
- 5 roulettes directionnelles dont 1 avec frein *(ø 75 mm)*
- Peinture de la couleur de votre choix

Des détails qui comptent : les espaces de rangement dans la tête de lit et sous le sommier.
Les roulettes directionnelles permettent de déplacer le lit facilement.

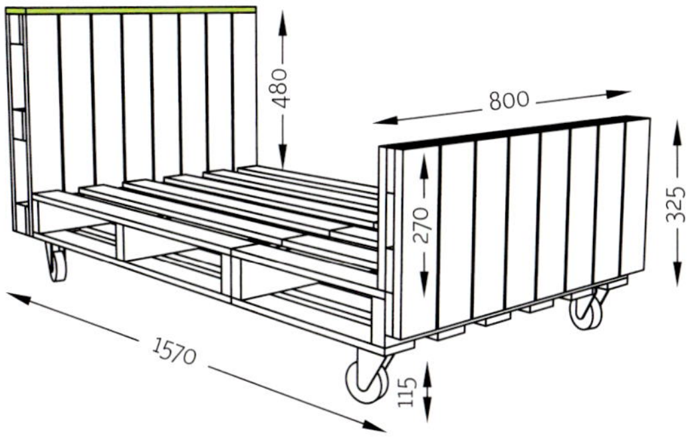

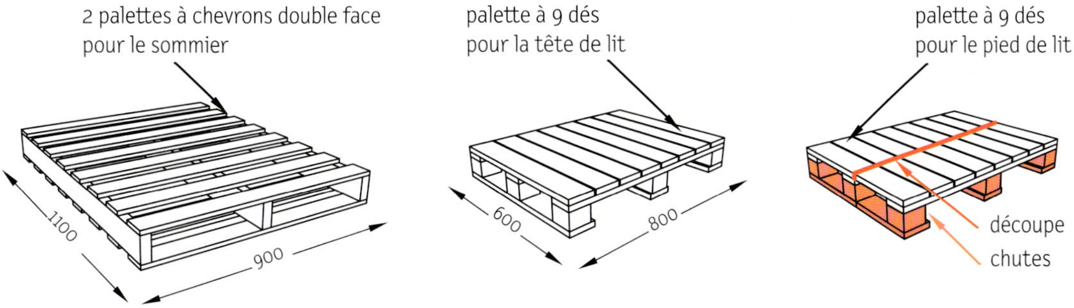

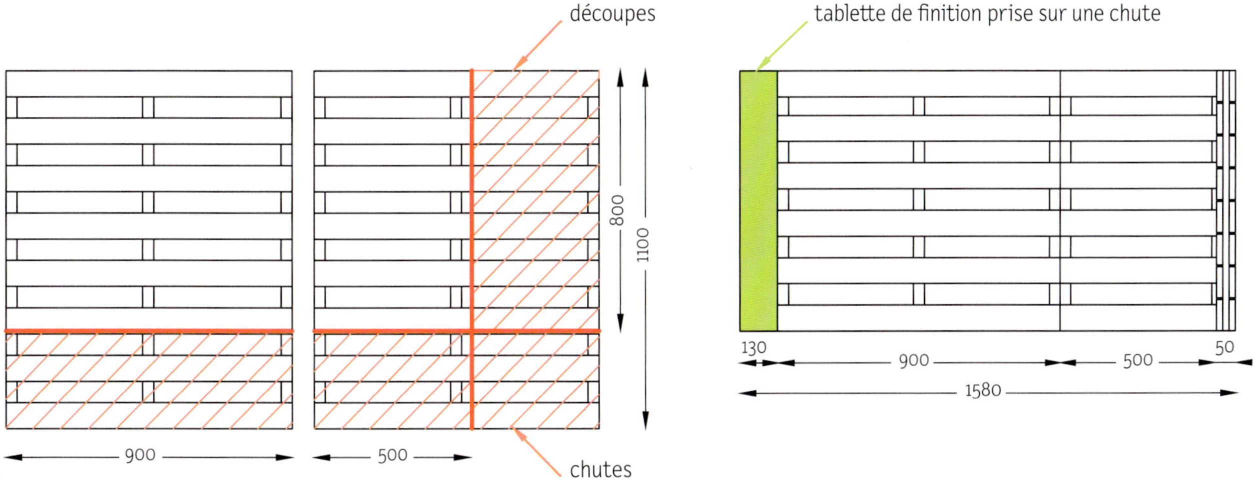

Toutes les cotes présentées dans les schémas sont en millimètres.

Réalisation

1. Pour fabriquer le sommier, découpez les 2 palettes à chevrons selon les dimensions indiquées sur le plan pour obtenir un lit de 800 x 1 400 mm (taille du matelas ici). Poncez.

2. Le pied de lit est réalisé à partir d'une palette à dés de 600 x 800 mm dont nous ne conservons que le plancher supérieur. Démontez les planches inférieures et les dés selon la méthode 2 (cf. Le démontage d'une palette en bois, p. 16).

3. Meulez les pointes avec la disqueuse.

4. Sciez le plateau obtenu le long de la traverse centrale.

5. Superposez les deux éléments envers sur envers en alignant le moins large sur l'une des traverses.

6. Assemblez les deux pièces du pied de lit avec des clous, puis poncez.

7. Pour la tête de lit, utilisez la seconde palette à dés entière. Récupérez une chute de planche de 800 mm de longueur et dont la largeur correspond à la hauteur de la palette à dés. Clouez-la sur les dés de la palette, puis poncez la tête de lit.

8. Les 2 palettes constituant le sommier sont assemblées par les chevrons à l'aide de 3 boulons. Sur une première palette, percez un trou au centre du chevron et un trou à chaque extrémité. Utilisez une mèche à bois d'un diamètre égal à celui des boulons.

Réalisation

9. Posez au sol, sur l'envers, les 2 palettes et maintenez-les avec des serre-joints au niveau des chevrons. Insérez la perceuse dans les trous, puis percez le second chevron.

10. Placez les boulons et les rondelles, puis serrez les écrous avec la clef plate.

11. Vissez les 4 roulettes, dont une avec un frein, à chaque coin du lit. Fixez la cinquième au milieu des deux chevrons réunissant les 2 palettes. Retournez le sommier.

12. Vissez le pied de lit au sommier.

13. Vissez la tête de lit au sommier.

14. Appliquez la peinture avec un petit rouleau mousse sur les surfaces planes. Aidez-vous d'un pinceau rond fin pour les finitions.
Réf. : Peinture Bois Déco/Bois flotté - V33

15. Équipé de roulettes directionnelles, le lit devient mobile et se déplace facilement. Pour immobiliser ce dernier lorsque votre enfant joue dessus, installez une roue avec un système de blocage intégré.

16. Profitez des espaces offerts par la palette pour ranger les histoires du soir et créer ainsi une petite bibliothèque d'appoint dans la tête de lit.

LA LAMPE À POSER LA QUEUE DU CHIEN

Un luminaire drôle, « clin d'œil », qui joue la carte de l'humour et ne se prend pas au sérieux malgré sa fonction. Car *La queue du chien* n'est pas seulement décoratif, il éclaire un lieu bien précis, avec une intensité de lumière spécifiquement calculée : dans le salon, non loin d'un écran, cette lampe à poser au sol est conçue pour diffuser une lumière d'ambiance, ni trop forte ni trop faible. Simple et efficace !

Imaginé comme une lampe à poser au bout d'un canapé, sur laquelle télécommandes et magazines prennent place, ce luminaire a vu son nom se profiler au fur et à mesure de sa conception. *La queue du chien*, un nom étrange ? Ses planches comme des pattes et son câble électrique placé à une extrémité contribuent à la lecture de ce nom. Cette lampe se déplace aussi aisément qu'un petit animal de compagnie qui, souvent, se trouve au bout du canapé !

CRÉATION :
PHILIPPE DANEY

LA LAMPE À POSER LA QUEUE DU CHIEN

LA BOÎTE À OUTILS

Matériel

- Tournevis
- Ponceuse triangulaire + cale à poncer
- Chiffon
- 1 pinceau plat

Fournitures

- 1 chute de palette réversible à chevrons, 530 x 310 mm *(la chute utilisée ici est celle du fauteuil* Charles-Édouard*)*
- 1 bande en aluminium
- 1 kit ruban à LED *(comprenant une bobine de ruban à LED, les connecteurs et un transformateur)*
- Alcool à brûler
- 8 petites vis à bois
- Peinture bois de la couleur de votre choix

Des détails qui comptent : une réalisation simple et rapide.
Un éclairage subtil pour une lumière d'ambiance parfaite.

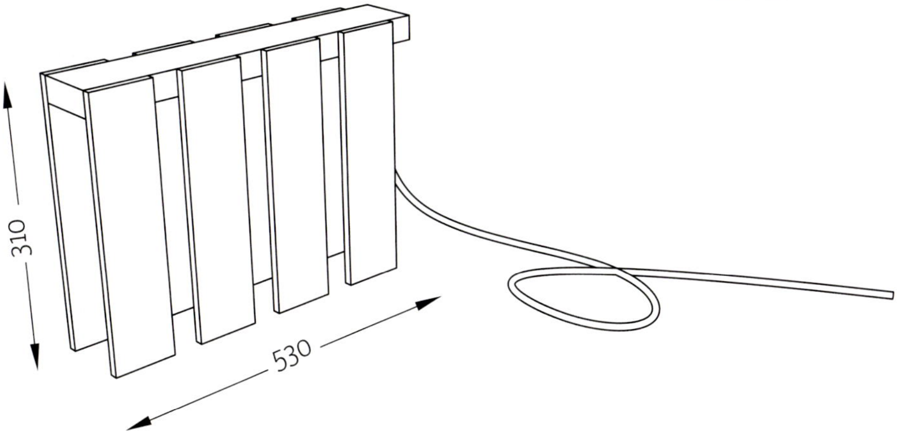

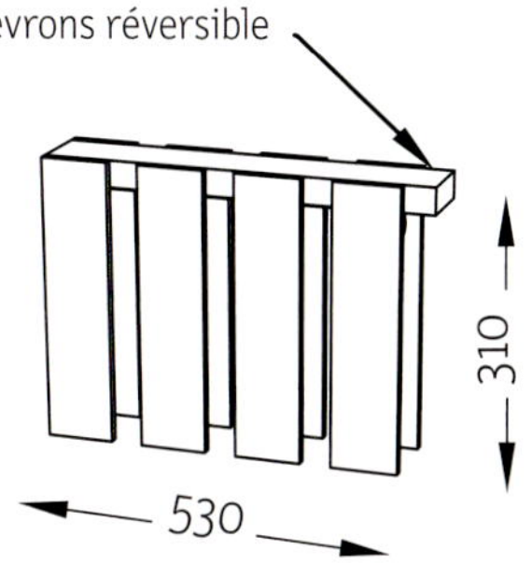

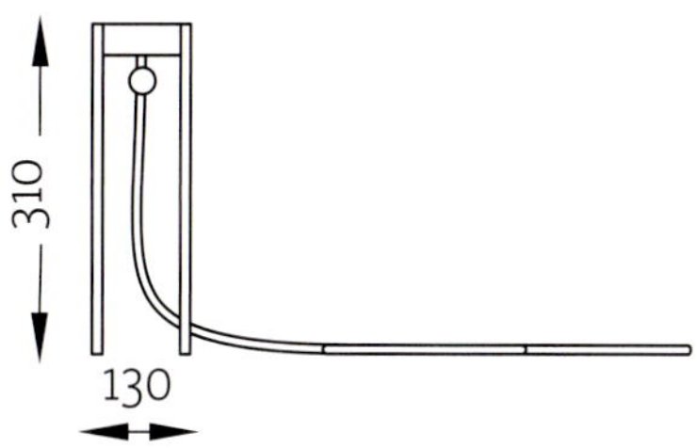

Toutes les cotes présentées dans les schémas sont en millimètres.

Réalisation

1. Poncez la palette. Aidez-vous de la cale à poncer pour l'intérieur du chevron.

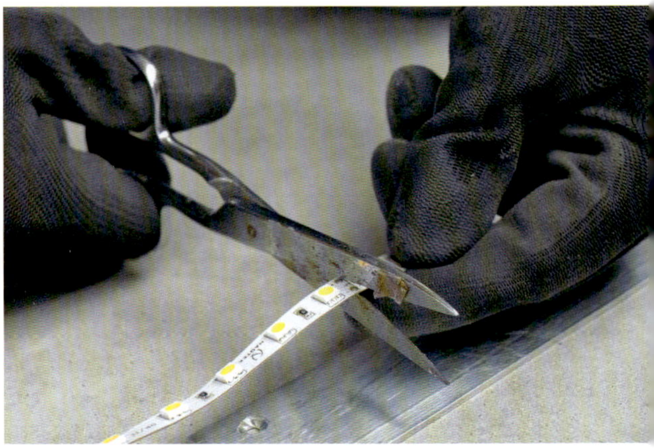

2. Coupez 390 mm de bande en aluminium. Découpez le ruban à LED en adaptant sa longueur à la bande métallique. Le ruban possède des repères de coupe, matérialisés par un trait ou des ciseaux.
Attention : pour des questions de sécurité, respectez les repères de coupe de votre produit !

3. Dégraissez la bande en aluminium avec de l'alcool à brûler pour garantir une meilleure adhérence du ruban à LED autocollant.

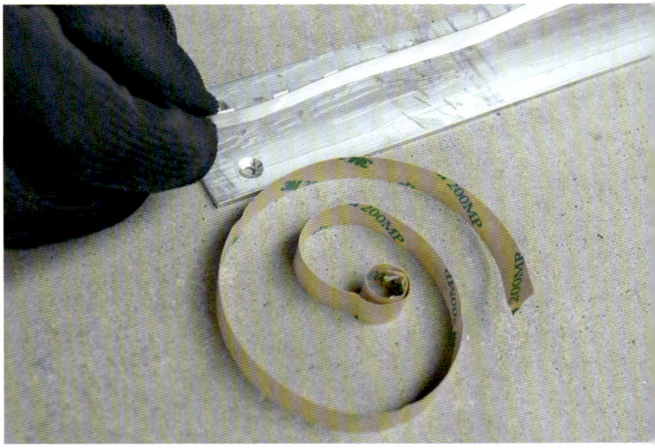

4. Collez délicatement le ruban à LED sur la bande métallique.

5. Branchez les connecteurs du transformateur au ruban à LED en suivant la notice de votre produit. Les fabricants proposent aujourd'hui des connexions simplifiées où chaque élément possède une fiche spécifique facilement identifiable.

6. Centrez et vissez la bande en aluminium sur le chevron.

7. Finition : Passez une à deux couches de peinture selon le résultat souhaité. Le bois est une surface poreuse qui absorbe très rapidement la peinture. Vous pouvez passer une sous-couche spéciale bois pour bloquer la porosité du support et économiser de la peinture. *Réf. : Peinture Bois Déco/Coquelicot - V33*

VU
l'école française
TASCHEN

LE FAUTEUIL CHARLES-ÉDOUARD

Avec ses lignes cubiques au dessin intemporel, le fauteuil *Charles-Édouard* illustre l'art de la simplicité. Un siège à l'esthétique classique qui s'adapte à tous les styles d'intérieur et pour lequel il faut oser la couleur.

Le fauteuil *Charles-Édouard* fait référence à Charles-Édouard Jeanneret-Gris, plus connu sous le nom de Le Corbusier. Pour cette création, Martin et Mathieu se sont inspirés du célèbre fauteuil *LC2* créé par l'architecte et dont la structure dessine la forme du siège. En acier chromé pour le *LC2*, en palettes en bois pour le *Charles-Édouard* !

CRÉATION :
LES M&M DESIGNERS

CONFECTION DES COUSSINS :
MARIE-NOËLLE SALAÜN

LE FAUTEUIL CHARLES-ÉDOUARD

LA BOÎTE À OUTILS

Matériel

- Scie égoïne
- Scie sauteuse
- Équerre d'ajusteur ou équerre plate métallique
- Ponceuse excentrique et ponceuse triangulaire
- Visseuse-dévisseuse
- Serre-joints
- Pinceaux : 1 petit rouleau, 1 pinceau rond et 1 pinceau plat

Fournitures

- 2 palettes à chevrons réversibles, 1 150 x 1 150 mm
- Vis à bois antifendage
- 4 équerres d'assemblage 80/80/40 mm
- 6 équerres d'assemblage 40/40/40 mm
- Peinture bois de la couleur de votre choix
- Mousse en plaque de 8 cm d'épaisseur + tissu pour la réalisation des coussins

Des détails qui comptent : les espaces de rangement dans les accoudoirs.
Des coloris originaux pour contrebalancer l'esthétique classique du fauteuil.

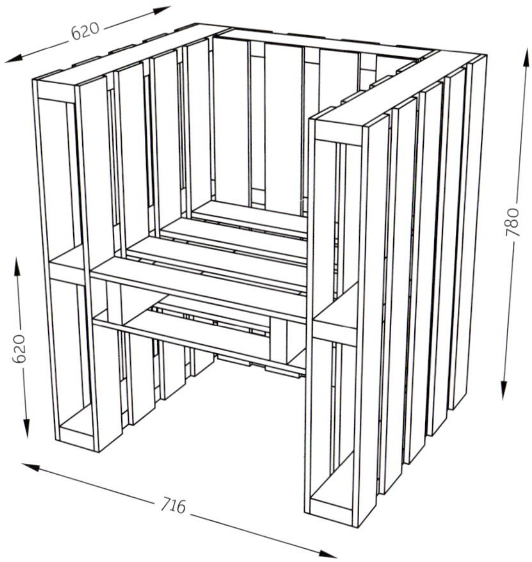

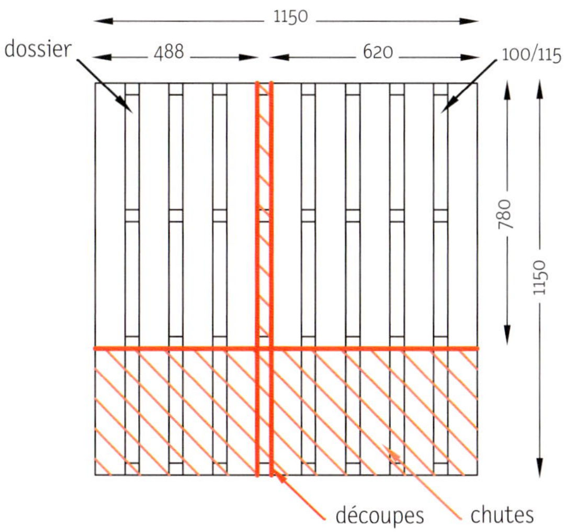

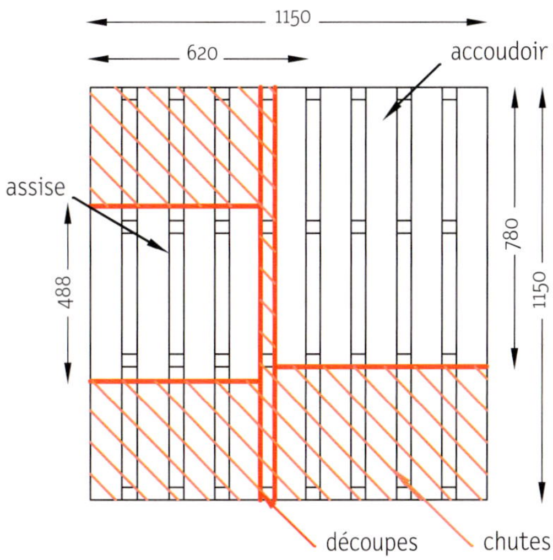

Toutes les cotes présentées dans les schémas sont en millimètres.

Réalisation

1. D'après les mesures indiquées sur le plan, effectuez les tracés sur les 2 palettes, puis sciez. Attention : afin d'obtenir un travail de coupe précis, vous devez reporter les tracés sur les deux faces des palettes puisqu'elles sont réversibles !

2. Vous obtenez ainsi les quatre pièces constituant le fauteuil : l'assise et un accoudoir dans une première palette, le dossier et un accoudoir dans la seconde.

3. Poncez l'ensemble des éléments avec une ponceuse excentrique.

4. Pour faciliter le ponçage des chevrons et des arêtes des planches, utilisez une ponceuse triangulaire. La petite dimension et la forme de son plateau en font un outil très pratique pour poncer de petites surfaces et accéder aux endroits difficiles.

5. Effectuez la mise en couleur des éléments avant l'assemblage définitif. Peignez les planches et les chevrons avec un petit rouleau. Utilisez un pinceau plat pour l'intérieur des palettes et un pinceau rond pour les finitions. Appliquez la peinture en deux couches non diluées. Poncez légèrement entre chaque couche. *Réf. : Peinture Bois Déco/Menthe poivrée - V33*

6. En vous aidant d'une équerre plate métallique posée au sol pour réaliser un angle précis, maintenez le dossier et un premier accoudoir avec des serre-joints.

7. Positionnez l'assise à la hauteur souhaitée (ici 400 mm, pour que le haut de l'assise s'aligne sur les chevrons des accoudoirs) et tracez grossièrement un trait dessous.

8. Sous le repère précédemment tracé, vissez 4 équerres (80/80/40 mm) pour assembler le dossier et les accoudoirs.

Réalisation

9. Mettez le fauteuil sur le dos, puis calez avec les serre-joints l'assise à la hauteur déterminée. Vérifiez l'exactitude des angles avec votre équerre.

10. Vissez 2 équerres d'assemblage (40/40/40 mm) entre l'assise et le dossier.

11. Vissez 4 équerres d'assemblage entre l'assise et les accoudoirs.

12. Pour confectionner les coussins, relevez les dimensions intérieures de l'assise et du dossier, puis découpez des morceaux dans une mousse en plaque de 80 mm d'épaisseur. Attention pour le dossier, car le coussin vient se poser sur celui de l'assise, il faut donc retirer 80 mm dans la hauteur.

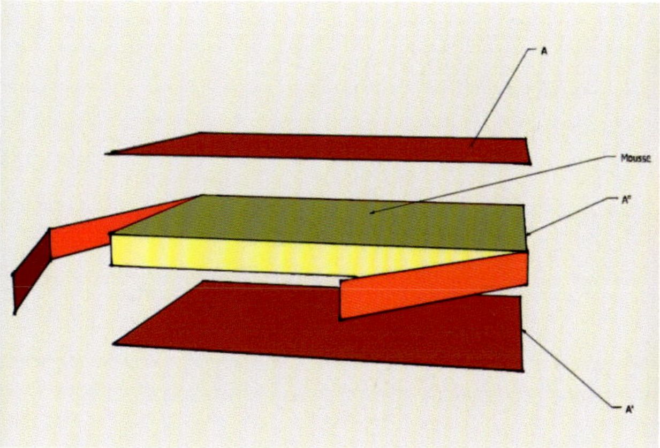

13. Pour chaque housse, coupez dans votre tissu 2 rectangles de taille égale (A et A') dont les dimensions seront celles de vos pièces en mousse, en y ajoutant 10 mm de chaque côté pour les coutures. Découpez également une bande de tissu (A") correspondant au tour du coussin.

14. Placez un rectangle et le tour endroit sur endroit, puis piquez trois côtés ; répétez l'opération avec le second rectangle. Retournez la housse et garnissez-la avec la mousse. Fermez à points glissés l'ouverture.

15. Pratique, l'espace offert dans les accoudoirs permet de disposer livres et magazines, à portée de main.

Nina Tolstrup
Angleterre

Nina Tolstrup en 5 dates

1962 : Naissance à Copenhague.

2000 : Création de Studiomama.

2010 : Nomination au *Brit Insurance Design of the Year* dans la catégorie mobilier.

2010 : Exposition *Pallet Project* à la Galerie Phillips de Pury & Company (New-York).

2011 : Exposition à la Galerie Libby Sellers (Londres).

Nina Tolstrup est « internationale »! D'origine danoise, elle passe par Paris pour étudier à l'ENSCI-Les Ateliers (École nationale supérieure de création industrielle), avant de s'installer à Londres où elle crée Studiomama. Si elle signe des créations pour Habitat, Lexon ou encore Giannini, Nina Tolstrup entreprend, sous le nom de Studiomama des travaux plus personnels. Avec *Pallet Project*, elle illustre les principes « de l'autosuffisance, de la réutilisation, de la transformation et de l'utilité » en dessinant une collection de meubles, d'objets et de luminaires fabriqués à partir de palettes usagées. Un projet défini par la designer comme étant « durable, accessible, et un agent de changement social ».
Initié en 2006 par le projet *10, Ten, X*, pour lequel Nina Tolstrup avait dessiné quelques pièces, et devant l'intérêt suscité par ce mobilier lors d'une exposition, elle décide de mettre sur son site Internet les instructions de montage de certains meubles et luminaires. Le projet devient alors « mondial », mais conserve « l'idée d'utilisation d'une ressource locale pour la fabrication, la palette ». Depuis, des milliers de meubles dans l'esprit Studiomama surgissent dans le monde!
Un projet dont l'écho résonne jusqu'en Argentine. Quelques chaises, customisées par de grands noms du design, ont été vendues aux enchères, et les profits, versés à une association de bienfaisance à Buenos Aires. Présidée par la photographe et galeriste Cecilia Glik, Amistad o Nada offre un emploi aux chômeurs. À partir des plans de Nina Tolstrup, ceux-ci fabriquent et vendent des chaises en palettes, les bénéfices permettant alors le développement de plusieurs ateliers dans les bidonvilles pour donner une source de revenus aux plus défavorisés.

Studiomama

21-23 Voss Street - E2 6JE London - Tél : +44 2 070 330 408

tolstrup@studiomama.com - www.studiomama.com

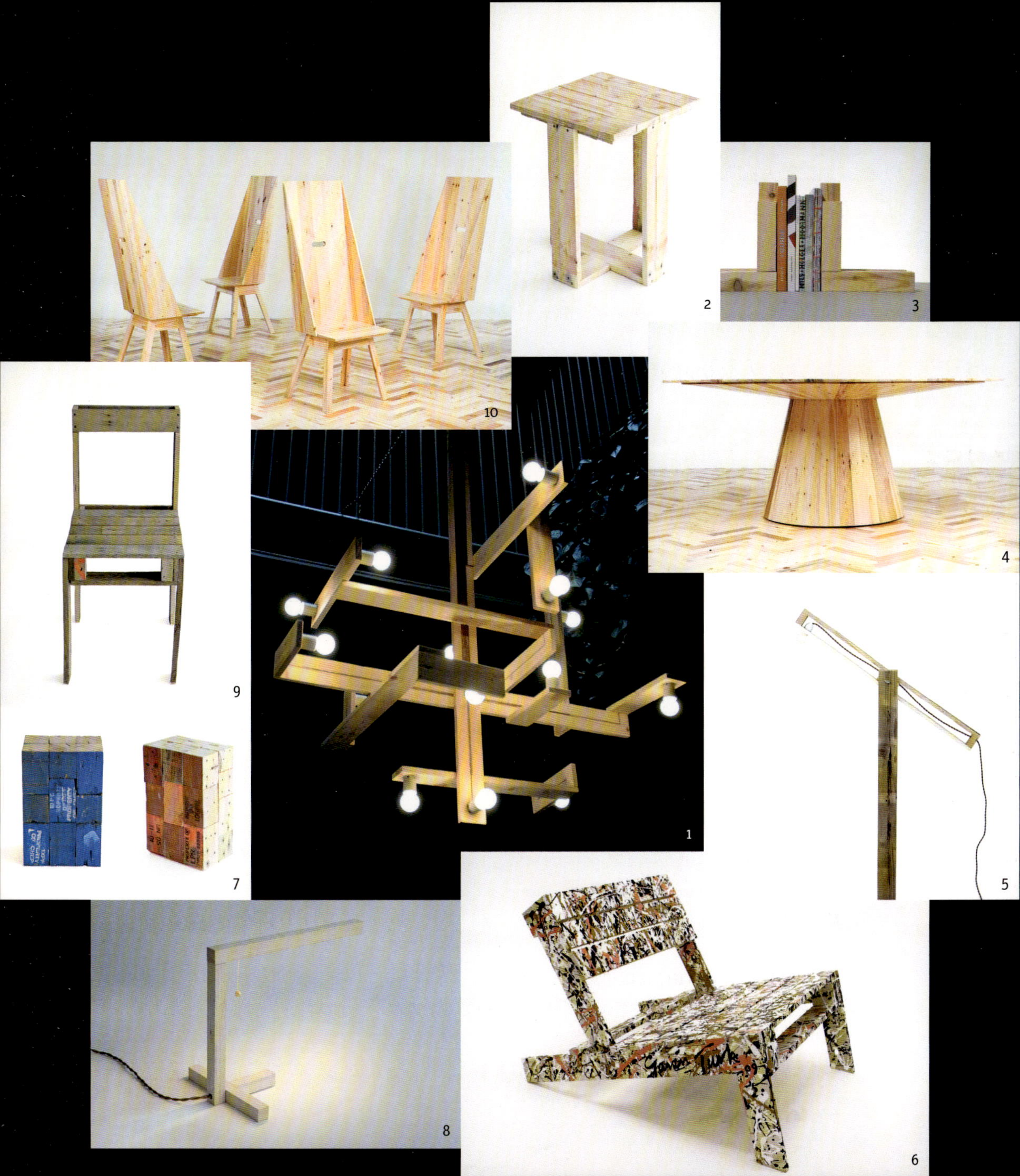

1. *Pallet Chandelier* ▪ 2. *Pallet Stool* ▪ 3. *1 X 1 Bookends* 4.Table de conférence ▪ 5. *Pallet Floor Lamp*
6. Chaise *Pollocky* par Gavin Turk ▪ 7. *Block Stool Blue & Block Stool Red* ▪ 8. *1 X 1 Table Lamp*
9. *Pallet Chair High* ▪ 10. Chaises de la table de conférence, fabriquées par Benchmark.

LA CHAISE LONGUE CINCHAS

Apparue lors des premiers voyages transatlantiques sur les ponts des paquebots, d'où le nom abrégé de « transat », la chaise longue a, depuis, investi jardins et terrasses. Synonyme de détente, elle est devenue un meuble indispensable pour les bains de soleil et les pauses *farniente* ! Découvrez l'interprétation de ce classique, version palette, par Les M&M Designers.

Emprunté à la langue espagnole par Martin pour définir la chaise longue lors de la phase de conception, le mot *cinchas*, qui signifie « sangles » en français, restera et deviendra le nom de cette création.

CRÉATION :
LES M&M DESIGNERS

LA CHAISE LONGUE CINCHAS

LA BOÎTE À OUTILS

Matériel

- Scie égoïne
- Scie sauteuse
- Visseuse-dévisseuse
- Ponceuse excentrique

Fournitures

- 2 palettes à chevrons, à « ailes débordantes » *(Modèle utilisé ici : 950 x 1 150 mm / Plancher supérieur : 7 planches / Plancher inférieur : 5 planches)*
- Vis à bois antifendage pour l'extérieur
- 4 sangles à cliquet
- 4 charnières en acier zingué 100 x 100 mm

Des détails qui comptent : l'originalité des sangles.
L'articulation de la chaise pour un rangement facile.

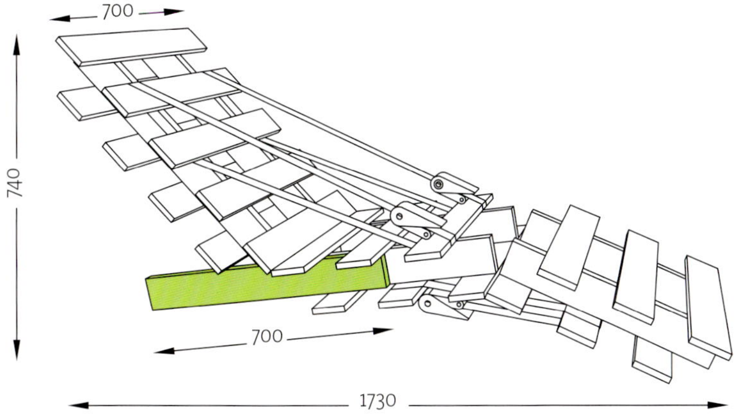

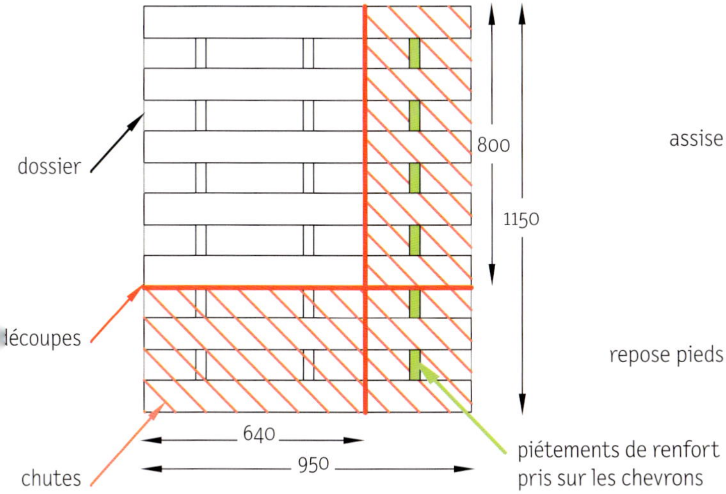

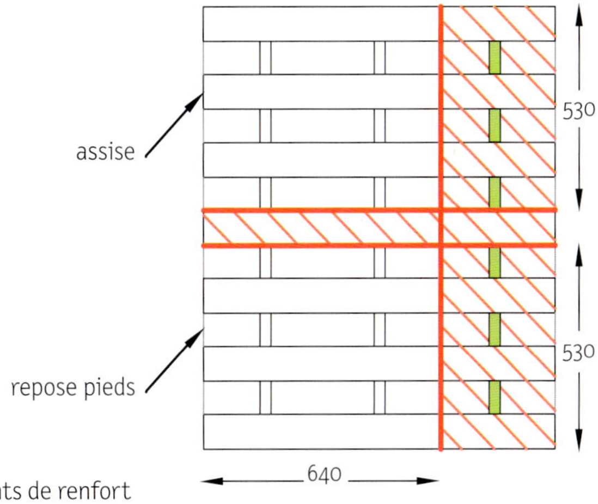

Toutes les cotes présentées dans les schémas sont en millimètres.

Réalisation

1. Découpez les 2 palettes selon les dimensions indiquées sur le plan. Vous obtiendrez ainsi les 3 pièces constituant la chaise longue : le dossier, l'assise et le repose-pieds. Utilisez la scie sauteuse pour le sciage des planches et la scie égoïne pour les chevrons, plus épais et moins accessibles. Poncez.

2. Assemblez le dossier et l'assise à l'aide de 2 charnières. Répétez l'opération pour l'assise et le repose-pieds.

3. Récupérez les chevrons sur les chutes de palettes et découpez 2 éléments de 700 mm pour réaliser les pieds de la chaise longue.

4. Positionnez chaque pied sur 250 mm des chevrons de l'assise et laissez un débord de 450 mm.

5. Maintenez les chevrons avec des serre-joints, puis vissez les vis en décalé.

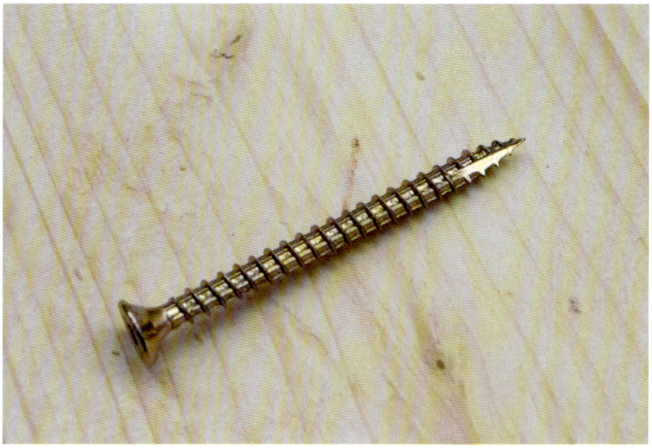

6. Conseil : « Visser dans le bois » : Pour ne pas fendre le bois avec des vis à bois classiques, il est recommandé de pré-percer un trou d'un diamètre inférieur à celui de votre vis. Vous pouvez également utiliser des vis spéciales dont la pointe effilée à entaille antifendage supprime l'étape de pré-perçage tout en évitant l'éclatement du bois.

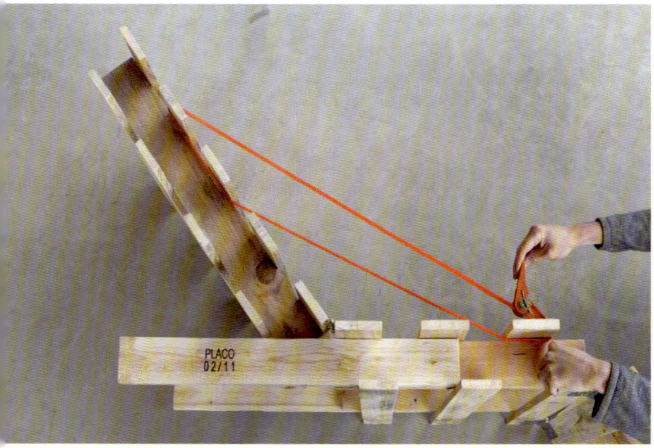

7. Installez les sangles à cliquet entre le dossier et l'assise. Réglez la tension pour obtenir l'inclinaison souhaitée. Répétez l'opération pour les sangles reliant l'assise au repose-pieds.

8. Articulée et pliante, la chaise longue se range facilement dans un petit espace, les sangles permettant de maintenir ensemble le dossier, l'assise et le repose-pieds.

Les M&M Designers
Martin Lévêque & Mathieu Maingourd

Martin & Mathieu en 7 dates

1980 : Naissance de Mathieu à Rosny-sous-Bois et de Martin à Limoges.

1999 : Rencontre sur les bancs de l'ESAA de Troyes.

2002 : Mathieu intègre la maison Céline/Designer & collaborateur de Hannah Norman et Nicole Stulman.

2005 : Diplôme supérieur d'arts appliqués de La Martinière, Terreaux de Lyon pour Martin.

2006 : Martin s'installe à Bruxelles et travaille avec le designer Xavier Lust.

2008 : Diplôme de l'École supérieure des beaux-arts d'Angers pour Mathieu.

2010 : Intervention artistique de Martin à Séville pour l'agence Recetas Urbanas de l'architecte Santiago Cirugeda/Mathieu se lance en free-lance.

Les M&M Designers forment un talentueux duo franco-belge. Exerçant chacun de leur côté, ces jeunes designers se retrouvent régulièrement pour travailler sur des projets communs. Deux regards vers une même direction : « le design est un mix entre la création artistique, la technique et l'humain ». Ils n'ont pas de matériaux de prédilection, mais une même préoccupation : que leurs créations véhiculent un message, « le concept est ce que raconte un objet ».

Comment avez-vous abordé la création de mobilier en palettes en bois ?
Martin : La palette sort de son environnement pour être introduite dans le quotidien, c'est une démarche créative forte. Une démarche qui questionne : comment découper et assembler la palette pour lui donner une fonction ? La réponse est vaste : meuble rigoureux comme la table de repas, modulable comme l'étagère, réglable comme la chaise longue…
Mathieu : Le mobilier en palettes n'est pas nouveau, ni la démarche du DIY (Do It Yourself/Faites-le vous-même). Un designer est un interprète de la matière existante. Nous avons interprété la palette avec nos cultures respectives et notre personnalité !

Quelles ont été les inspirations à l'origine de vos créations ?
Martin : Notre objectif était de proposer des meubles faciles à fabriquer, simples à utiliser et lisibles dans leur forme. Détournée de sa fonction originelle, la palette a inspiré d'elle-même des meubles originaux.
Mathieu : Nous n'avons pas créé de nouveaux meubles, nous avons interprété l'existant. La récupération donne d'elle-même du sens à la matière. Sur une palette, on voit des lignes, mais comment concevoir un meuble sur lequel on ne voit que cela ? La table de repas *Line Up* est un début de réponse.

Quels sont les avantages ou les inconvénients de la palette ?
Martin : Le poids est une contrainte qu'il faut prendre en considération car le mobilier est lourd. Et côté confort, il faut trouver des compromis, en particulier pour les sièges.
Mathieu : La palette offre une véritable liberté. Lorsque l'on fait soi-même, l'implication est plus importante. Il y a une grande valorisation dans cet acte de création.

Martin Lévêque
44, rue Eeckelaers - 1210 Bruxelles, Belgique
kadiak29@hotmail.com
http://be.net/martinleveque

Mathieu Maingourd
13, rue Barbe-Torte - 44200 Nantes
math_ology@hotmail.com
http://dopirate.free.fr

De gauche à droite : Le fauteuil *Charles-Édouard* (p. 32) ▪ La chaise longue *Cinchas* (p. 42) ▪ La table basse *Invader* (p. 50)
L'étagère *Charlotte* (p. 124) ▪ La table de repas *Line Up* (p. 180)

LA TABLE BASSE INVADER

La table basse est un élément essentiel dans nos intérieurs. Un meuble qui se doit d'être pratique, mais dont la fonction décorative est importante. Pouvant être, tour à tour, le bureau des enfants, la desserte d'un café entre amis ou le support d'exposition de nos objets de décoration, elle joue un rôle central dans le salon. Et avec la table *Invader*, cette pièce ne manquera pas de caractère !

Invader, un nom hérité du célèbre jeu vidéo *Space Invaders*. La forme générale de la table basse, et plus particulièrement des chevrons entaillés et des pieds, fait penser aux *aliens* de ce jeu, mi-vaisseaux, mi-visages.

CRÉATION :
LES M&M DESIGNERS

Réalisation

1. Enlevez les planches du plancher inférieur sur les 2 palettes. À l'aide d'un marteau, cassez-les dans leur centre entre les chevrons, puis retirez les morceaux à la main. Cette méthode ne s'applique qu'à des planches fines. Ou utilisez la méthode 3 (cf. Le démontage d'une palette en bois, p. 16).

2. Supprimez les clous restés dans les chevrons à l'aide d'une disqueuse qui vous permet de couper les clous à ras du bois. L'outil ne doit pas être trop proche de la surface pour ne pas la marquer d'une trace noire ou d'une saignée. Lunettes, gants et casque antibruit sont indispensables !

3. Tracez un trait à la règle le long du troisième chevron, légèrement décalé pour ne pas taper le chevron avec la scie sauteuse lors de la coupe.

4. Sciez et conservez la chute pour fabriquer les pieds de la table basse.

5. Poncez les deux éléments du plateau avec une ponceuse excentrique en commençant par du papier abrasif à gros grain, puis en terminant avec un grain fin pour la finition. Pour le plateau supérieur de la table, utilisez une cale à poncer pour arrondir les arêtes des planches.

6. Assemblez les deux plateaux par tourillonnage. Sur l'une des palettes, tracez précisément sur les chevrons l'emplacement des 6 tourillons. Avec une mèche à bois (ø 9 mm), percez des trous d'une profondeur d'environ 2 mm de plus que la longueur du tourillon afin de laisser une place pour la colle.

7. Insérez les tourillons, puis badigeonnez-les à la craie avec insistance pour reporter le tracé sur le second plateau.

8. Positionnez délicatement le second plateau sur les tourillons, puis appuyez pour marquer les emplacements.

Réalisation

9. Positionnez précisément la pointe de la mèche sur le tracé, puis percez. Gardez bien la perceuse perpendiculaire à la surface percée et avancez progressivement pour éviter la moindre déviation afin de réaliser des perçages alignés et correspondants à ceux du premier plateau.

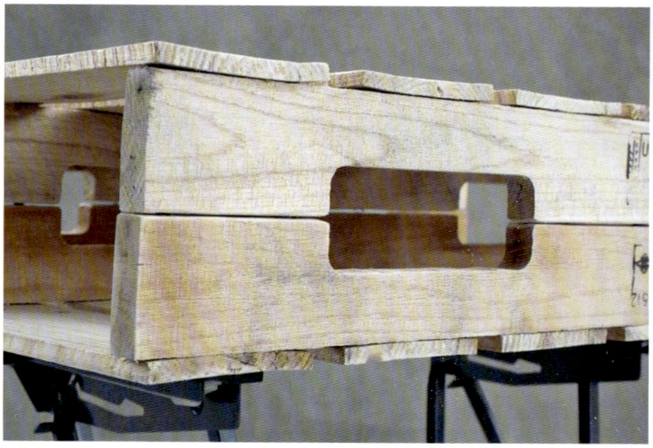

10. Après avoir vérifié l'assemblage en emboîtant les palettes, déposez de la colle à bois au fond de chaque trou des tourillons pour consolider l'ensemble.

11. Pour faciliter la mise en couleur, appliquez la finition avant l'assemblage définitif des 2 palettes. Passez une première couche de peinture, puis laissez sécher. Poncez légèrement au papier de verre fin avant d'appliquer une seconde couche.
Réf. : Peinture Bois Déco/Blanc Coco - V33

12. Récupérez 8 planches d'au moins 300 mm de longueur sur la chute des palettes pour fabriquer les pieds. Encollez-les deux par deux avec de la colle à bois et laissez sécher à l'aide d'un serre-joints.

13. Sur les pièces obtenues à l'étape 12, tracez le dessin des pieds en vous aidant des plans. Soit, au total, 4 petits éléments (50 x 150 x 90 mm) et 4 grands (140 x 150 x 100 mm). Sciez, poncez, puis peignez les pieds.

14. Pour chaque pied, assemblez un grand et un petit élément à l'aide d'un coin en métal. *Attention à la position « petits et grands » lors de l'assemblage : les grands éléments doivent se retrouver sur la longueur de la table lors de la pose des pieds afin que leur largeur corresponde à celle des planches du plateau !*

15. Vissez les pieds.

16. Pour parfaire la finition de votre table, vous pouvez revêtir celle-ci d'un plateau de verre. Nous vous recommandons de faire appel à un professionnel pour obtenir une plaque de verre sur mesure, aux bords polis et d'une épaisseur minimale de 6 mm.

LA TÊTE DE LIT THÉÂTRE

Pour sortir des standards et personnaliser la décoration de votre chambre, inspirez-vous de cette création originale. Avec ses niches et ses lampes intégrées, cette tête de lit est un exemple de fonctionnalité. Imaginée ici pour un lit de 160 cm de largeur, vous l'adapterez facilement à votre literie car sa conception est simple et accessible à tous.

Imposante, la tête de lit *Théâtre* trouve sa place dans la chambre tel le fond de scène dans l'espace théâtral. Son éclairage, fonctionnel pour la lecture, joue également sur la mise en valeur du contenu des niches et sur l'ambiance lumineuse de la pièce. Comme l'éclairage au théâtre, elle multiplie les fonctions : rendre visible, créer une atmosphère, attirer le regard sur un objet particulier... Acte I, scène I, la fabrication !

CRÉATION :
LE FOURBI CRÉATIF DE MACHA

LA TÊTE DE LIT THÉÂTRE

LA BOÎTE À OUTILS

Matériel

- Scie sauteuse
- Ponceuse excentrique
- Visseuse-dévisseuse
- Marteau
- Pinceaux : 1 petit rouleau, 1 pinceau plat et 1 pinceau rond

Fournitures

- 2 palettes à chevrons réversibles, 1 000 x 1 200 mm
- 1 palette avec des planches d'une largeur de 140 mm
- Vis à bois antifendage
- Clous à tête d'homme, L. 25 mm
- 5 plaques d'assemblage, 80 x 40 mm
- 2 écrous d'oreille
- Pour les lampes : 2 douilles, 2 interrupteurs à bascule, 1 câble fil tissu blanc de 4 m, 2 fiches mâles, 2 ampoules
- Peinture bois de la couleur de votre choix

Des détails qui comptent : les niches de rangement dans la tête du lit. L'éclairage assure une ambiance tamisée et fonctionnelle.

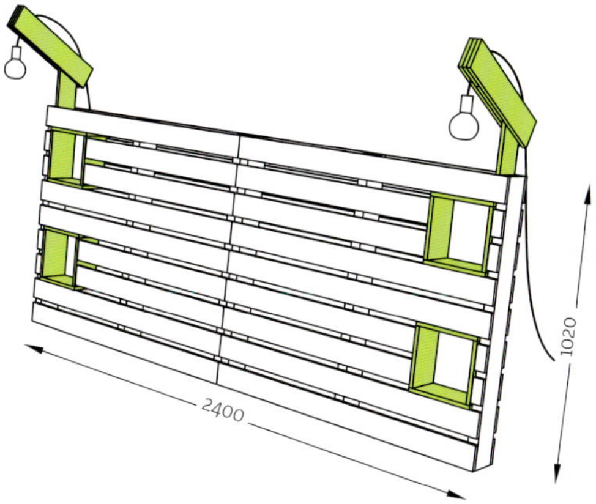

2 palettes à chevrons réversibles

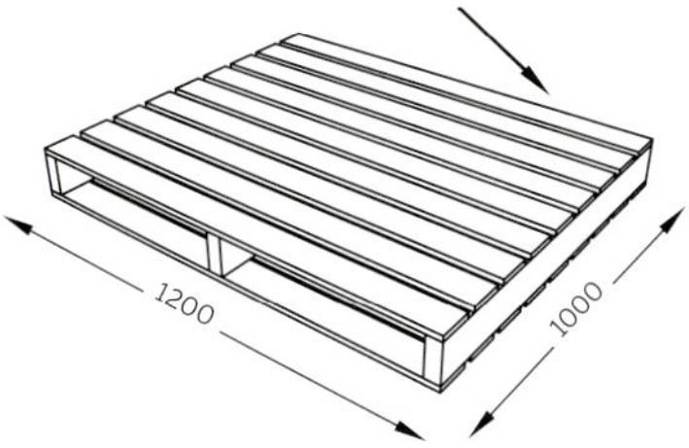

palette avec planches de 140mm de large

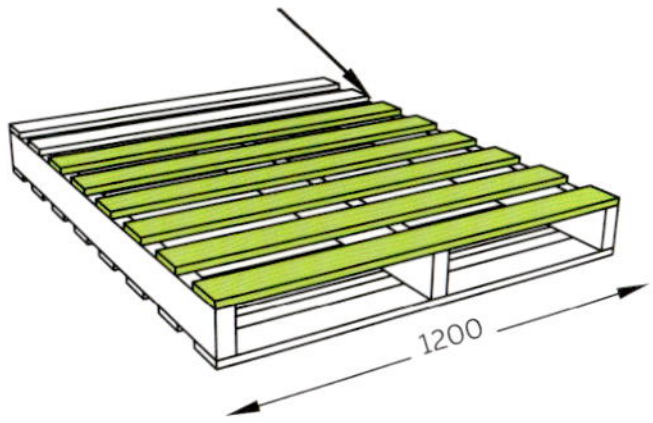

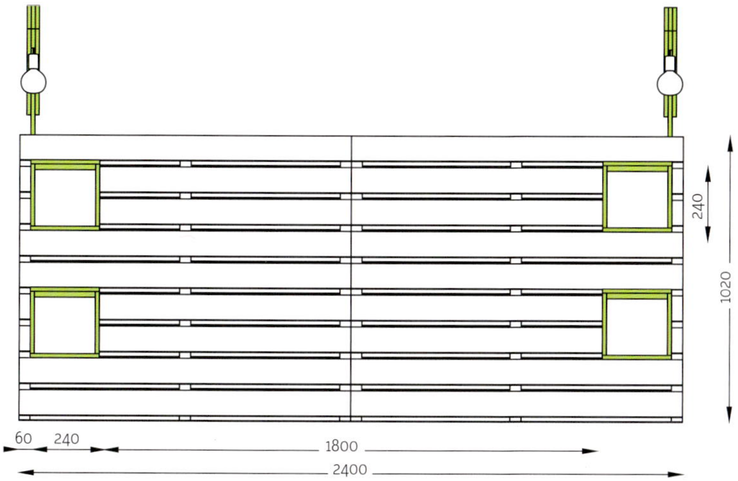

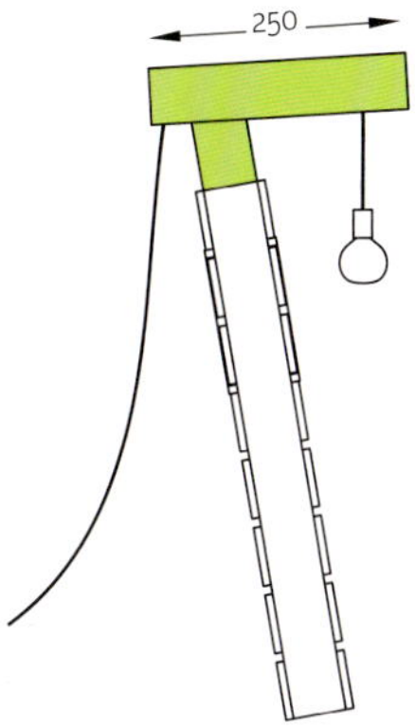

Toutes les cotes présentées dans les schémas sont en millimètres.

Réalisation

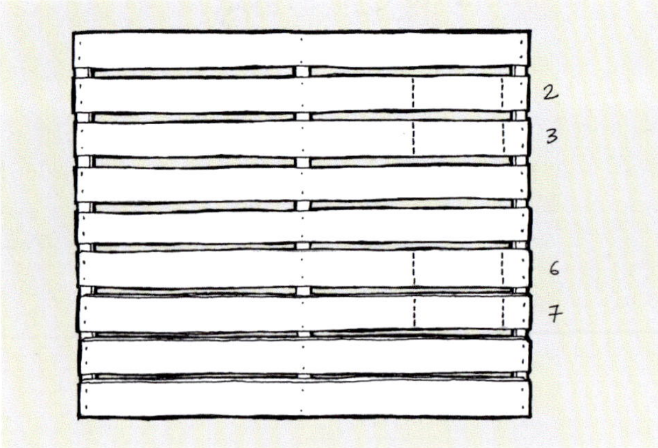

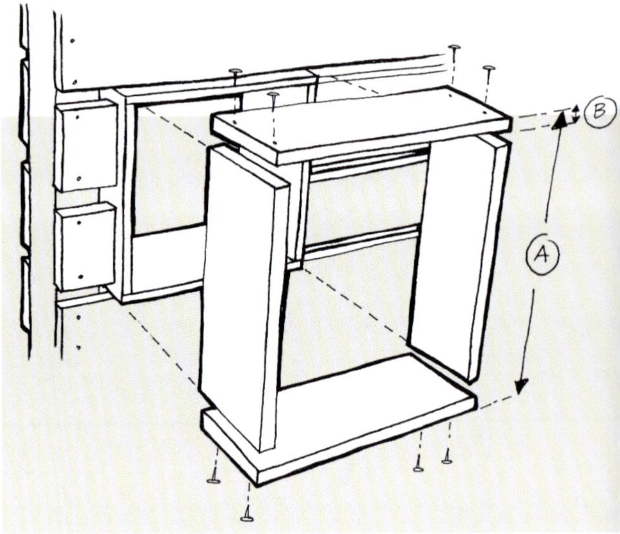

1. Sur chaque palette, découpez les planches n° 2, 3, 6 et 7 à 60 mm du bord et sur une largeur de 240 mm pour l'emplacement des niches. Poncez les palettes. Ce meuble étant destiné à la chambre à coucher, nous vous recommandons un ponçage minutieux pour obtenir une surface parfaitement lisse.

2. Pour réaliser les niches, utilisez des planches plus larges que celles de vos palettes pour les laisser dépasser. Découpez 8 pièces de 240 mm, puis 8 autres correspondant à la hauteur de la niche (hauteur = A – (2xB)). Assemblez les niches avec des clous sans tête. Clouez-les dans l'épaisseur des planches des palettes.

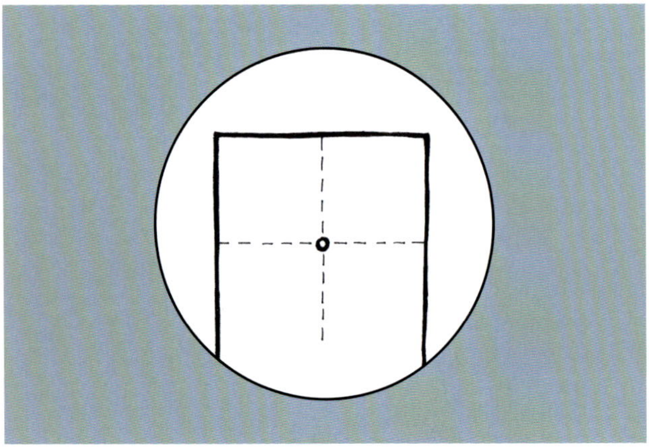

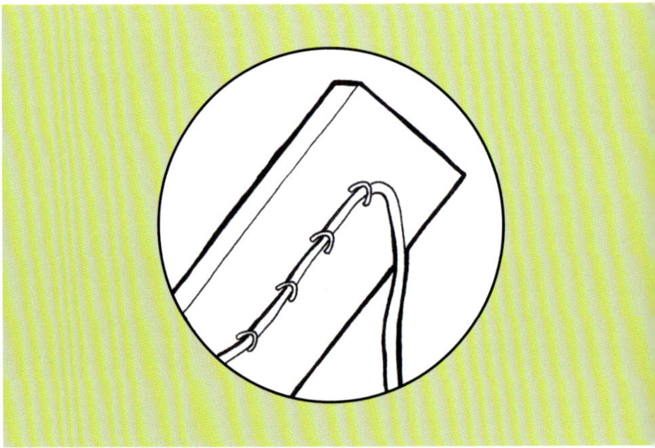

3. Pour la réalisation des lampes, découpez et poncez 6 planches de 250 mm. Percez un trou du diamètre de vos écrous d'oreille sur chacune des planches. Pour l'emplacement du trou, prenez comme repère le milieu de la planche et reportez la mesure depuis le bord.

4. Sur l'une des planches du bras articulé de la lampe, fixez le câble électrique avec des cavaliers. Veillez à bien déterminer la longueur de retombée du câble par rapport à la hauteur de votre lit afin que l'ampoule ne soit ni trop haute ni trop basse.

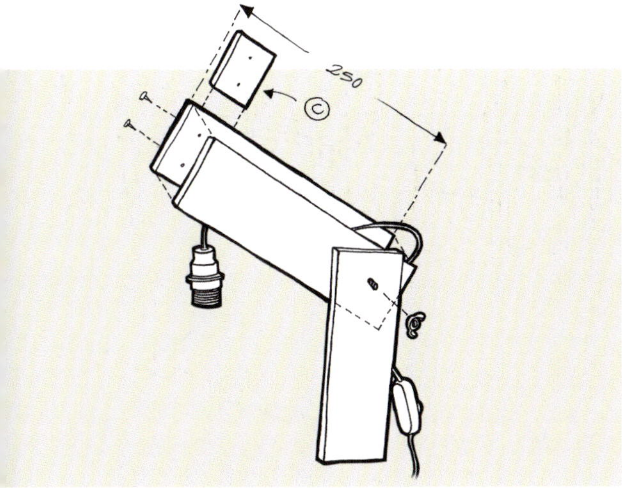

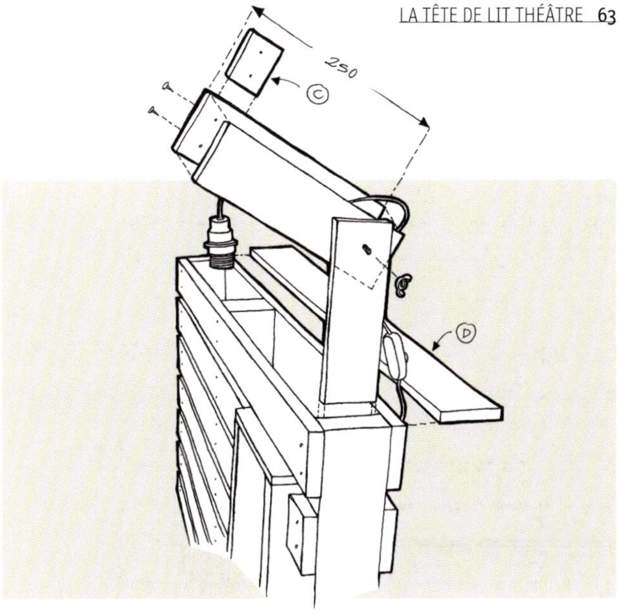

5. Pour chaque lampe, assemblez les 3 planches avec les écrous d'oreille. À l'aide de colle et de clous, fixez à l'extrémité du bras articulé un morceau de bois de 20 mm, découpé dans une chute de planche (pièce C sur le schéma).

6. Vissez la lampe sur la tête de lit. Pour parfaire la finition, découpez, poncez, puis clouez des planches pour couvrir le dessus des palettes (pièce D sur le schéma).

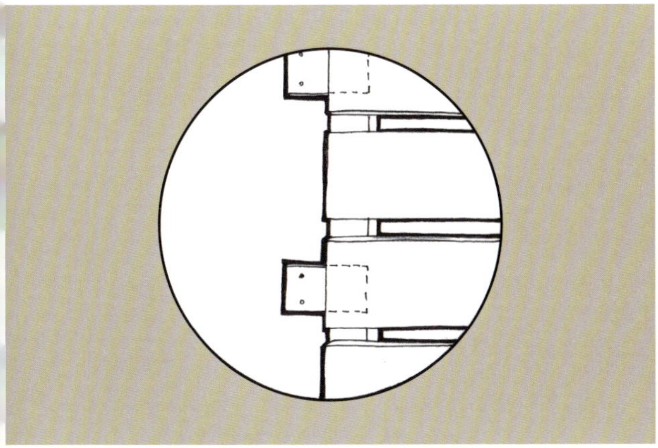

7. Associez les 2 palettes à l'aide de 5 plaques métalliques de 80 x 40 mm.

8. Nuancée de bruns, la tête de lit se pare de teintes masculines pour une décoration classique et élégante.
Réf. : Peinture Bois Déco/ Brun & Bois flotté - V33

Fabrice Peltier
France

Fabrice Peltier en 6 dates

1961 : Naissance à Paris.

1985 : Création de l'agence Design P'Référence.

2003 : Fondation de l'Institut National du Design Packaging.

2007 : Sortie du livre *Ecodesign, chemins vertueux*, aux Éditions Pyramyd.

2008 : Ouverture de la DESIGNPACK GALLERY.

2011 : Ouverture de L'Allée du Recyclage.

Designer packaging et fondateur de l'agence P'Référence, Fabrice Peltier est un adepte de l'écodesign. Une approche dont l'objectif est de concevoir des produits respectueux de l'environnement tout au long de leur cycle de vie. « Une fois vidé de son contenu, un emballage ne doit pas être considéré comme un simple déchet, mais comme de la matière première à recycler ou à valoriser. » Un principe qu'il illustre, en tant que créateur, lors d'expositions où emballages, palettes et autres objets usuels sont recyclés. Une manière originale et ludique de questionner le « spectateur-consommateur »!

Lors de l'exposition *Made in Palette*, présentée en novembre 2010 à la Designpack Gallery, Fabrice Peltier interpelle le public sur le devenir des palettes en fin de vie. Que faire d'une palette si elle ne peut être remise dans le circuit? Sa réponse prend la forme d'une collection de meubles et de luminaires entièrement réalisés à partir de palettes usagées (l'ensemble des meubles ont été produits par Ateliers Services à Lisieux, une entreprise d'insertion par l'activité économique).

Une fois démontés, les dés et les planches des vieilles palettes sont associés selon un même principe pour toutes les pièces : les dés assemblés entre eux par collage constituent l'ossature de l'objet, et les planches découpées sont directement clouées sur la structure.

Certaines de ces pièces sont visibles dans « L'Allée du Recyclage », un nouvel espace d'exposition permanent dans les couloirs du métro parisien, situé à la station Palais-Royal–Musée du Louvre. Un lieu d'exposition unique pour découvrir « un panorama mondial de l'art et la manière de transformer les déchets d'emballages en nouveaux objets utiles, ou futiles ».

Designpack Gallery

24, rue de Richelieu - 75001 Paris - Tél. : 01 44 85 86 00

gallery@p-reference.fr - www.p-reference.fr/www.designpackgallery.fr

EXPOSITION
DU 1er NOVEMBRE AU 27 NOVEMBRE 2010
MADE IN PALETTE
Tout se transforme !
DESIGNPACK

2

3

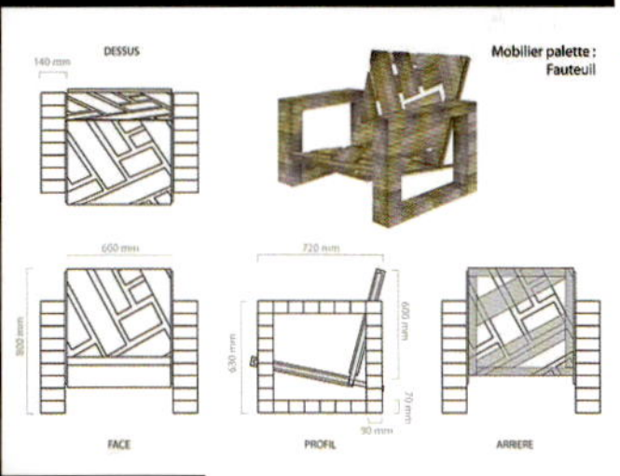
DESSUS
Mobilier palette : Fauteuil
FACE
PROFIL
ARRIERE

8

1

4

7

6

5

Chambres
Cuisine
& MAMAN

LE PORTEMANTEAU « WHERE IS BRIAN* ? »

Objet oublié de nos entrées contemporaines, le portemanteau sur pied est longtemps resté au placard ! Grâce à l'imagination des designers, il redevient peu à peu à la mode avec de nouveaux matériaux et de nouvelles formes. Adoptez la version proposée par Mr&Mlle® car *« Where is Brian* ? »* deviendra le roi du vestiaire en accueillant vestes, sacs et chapeaux...

Mr&Mlle ont égaré leur cadet, mais *« Where is Brian* ? »* Une référence humoristique à l'apprentissage de la langue de Shakespeare avec Brian, le héro des livres d'anglais de nos années collège. Suivez la flèche du portemanteau : « Brian is in the kitchen**! ».

*Où est Brian ? - **Brian est dans la cuisine !

CRÉATION :
MR&MLLE®

LE PORTEMANTEAU « WHERE IS BRIAN ? »

LA BOÎTE À OUTILS

Matériel

- Scie sauteuse
- Scie égoïne
- Boîte à onglets
- Scie à métaux
- Ciseau à bois
- Perceuse-visseuse
- Ponceuse excentrique
- Serre-joints
- Équerre métallique
- Pinceaux : 1 petit rouleau mousse et 1 pinceau rond très fin

Fournitures

- 1 palette à chevrons de 950 x 1 150 mm *(ici, dimensions des planches : l. 90 x L. 1 150 x e. 20 mm / dimensions des chevrons : l. 90 x L. 950 x e. 35 mm)*
- Vis à bois
- Vis à bois à tête fraisée
- Pochoirs lettres ou mots *(ou création « maison » des pochoirs : ordinateur + imprimante)*
- Colle repositionnable en bombe
- Cutter ou scalpel si création « maison » des pochoirs
- Peinture de la couleur de votre choix

Des détails qui comptent : les patères servent aussi de panneaux de signalisation. Une mise en couleur aux accents pop.

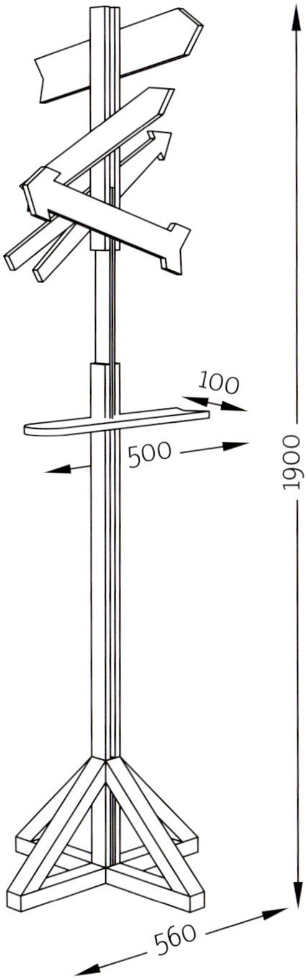

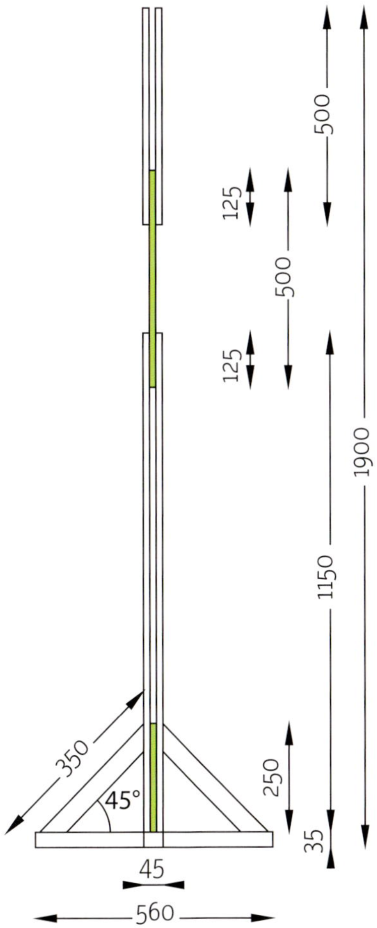

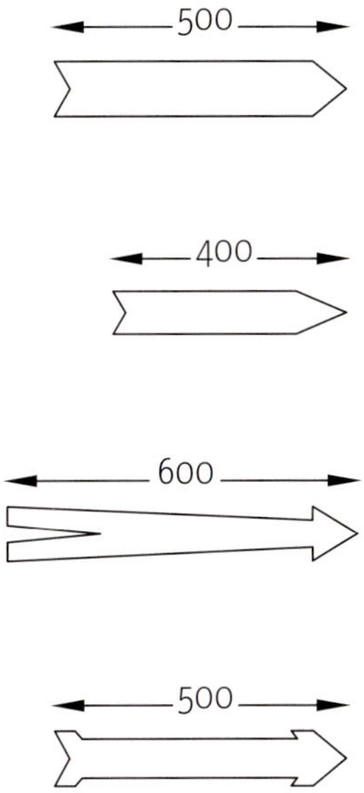

Toutes les cotes présentées dans les schémas sont en millimètres.

Réalisation

1. Démontez la palette selon la méthode 3 (cf. Le démontage d'une palette en bois, p. 16) afin de récupérer 5 planches et 2 chevrons.

2. Pour fabriquer le mât du portemanteau, découpez à la scie sauteuse 2 planches en leur centre et dans le sens de la longueur. Vous obtenez ainsi 4 planches de l. 45 x L. 1 150 mm.

3. Gardez 2 planches de 1 150 mm de longueur chacune. Découpez les 2 autres planches selon les dimensions suivantes : 2 pièces de 500 mm de longueur dans une première planche, 1 pièce de 500 mm et 1 pièce de 250 mm dans la seconde. Poncez tous les éléments.

4. Pour assembler le mât du portemanteau, commencez par visser la pièce de 250 mm, à fleur, entre les 2 planches de 1 150 mm de longueur.

5. À l'autre extrémité, fixez une pièce de 500 mm de longueur, dont 125 mm entre les 2 planches. Référez-vous au plan pour identifier la place de chaque pièce.

6. Finissez le mât du portemanteau en vissant les deux dernières planches de 500 mm de chaque côté de la planche de 500 mm de l'étape précédente, dont 125 mm entre les deux. Attention à l'alignement des pièces pendant l'assemblage !

7. Pour le socle du portemanteau, découpez à la scie sauteuse les 2 chevrons en leur centre et dans le sens de la longueur. Vous obtenez ainsi 4 pièces de l. 45 x L. 950 mm. Sciez-les de nouveau pour obtenir 4 pièces de 350 mm de longueur et 2 pièces de 560 mm de longueur.

8. Sciez les extrémités des 4 pièces de 350 mm de longueur avec des coupes à 45° à l'aide de la scie sauteuse ou d'une boîte à onglets. Poncez-les.

Réalisation

9. La croix du socle se fait par un assemblage à mi-bois. Marquez le centre des 2 pièces de 560 mm de longueur, puis superposez-les à angle droit. Reportez la largeur du chevron supérieur sur le chevron inférieur, et vice versa.

10. À l'aide d'une équerre, prolongez le tracé sur les chants et joignez-les à mi-profondeur par un trait horizontal.

11. Avec la scie sauteuse, entaillez les chevrons jusqu'au trait horizontal.

12. Terminez la coupe au ciseau à bois.

13. Vérifiez l'emboîtement des pièces, puis assemblez-les avec des vis.

14. Vissez la croix sur le mât.

15. Fraisez les extrémités des 4 pièces de 350 mm de longueur afin que les vis rentrent parfaitement dans le bois.

16. Vissez les 4 pièces sur la croix et sur le mât.

Réalisation

17. Sur l'une des planches restantes, coupez une pièce de 500 mm de longueur pour réaliser le support intégré au mât du portemanteau. Donnez-lui la forme souhaitée.

18. Après avoir tracé le centre de la planche, reportez les mesures du mât inférieur au milieu de cette dernière pour y dessiner les encoches, soit trois fois la largeur des planches du mât. Sciez les encoches, puis poncez la planche.

19. Encastrez la planche dans le mât inférieur et vérifiez l'horizontalité du support avec un niveau à bulle.

20. Sur les planches restantes, dessinez, puis sciez les formes des flèches faisant office de patères.

21. Vissez les flèches sur le mât en jouant sur leur positionnement.

22. Créez vos pochoirs avec un logiciel de traitement de texte. Choisissez la typographie et la taille désirées des mots à peindre (pièces de la maison, direction des villes proches, kilométrage d'un pays à un autre...), puis imprimez-les sur un papier d'au moins 100 g. Évidez avec minutie le pochoir au cutter ou au scalpel.

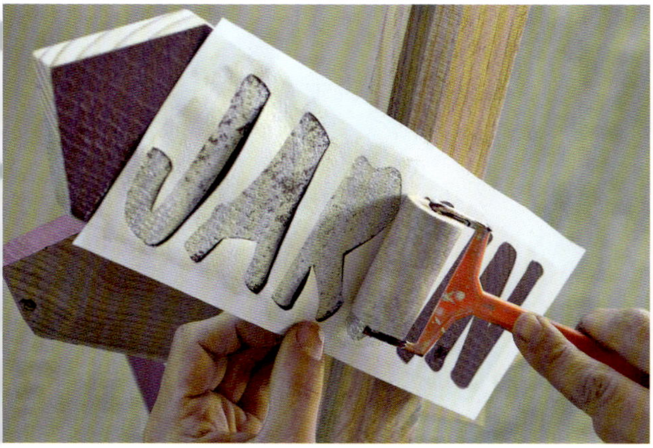

23. Pour réussir vos pochoirs, encollez l'envers du pochoir à l'aide de la colle repositionnable, puis laissez sécher jusqu'au début de la prise. Positionnez le pochoir sur la surface et appliquez délicatement la peinture à l'aide d'un petit rouleau en mousse.

24. Pour la mise en couleurs et la signalisation des patères, jouez l'alternance entre le fond des flèches et le lettrage, tout en conservant l'aspect naturel du bois. Vous pouvez utiliser des pochoirs lettres/mots « prêts à l'emploi » ou les réaliser vous-même.

LA TABLE DE JARDIN MISS TABLE

Conçue pour l'extérieur, *Miss Table* est une table de repas démontable afin d'en faciliter le rangement. Tel un Lego®, son principe d'encastrement des pieds sous le plateau permet une installation rapide et simple. Une création qui allie l'élégance à la fonctionnalité !

Miss Table est un jeu de mots faisant référence à Miss Marple, la célèbre enquêtrice créée par la romancière britannique Agatha Christie et qui résout les énigmes assise à une table en buvant « a cup of tea* ».

*une tasse de thé

CRÉATION :
PHILIPPE DANEY

LA TABLE DE JARDIN MISS TABLE

LA BOÎTE À OUTILS

Matériel

- Scie égoïne
- Ponceuse excentrique
- Visseuse-dévisseuse
- Serre-joints
- Pinceaux : 1 petit rouleau et 1 pinceau rond fin

Fournitures

- 1 palette Europe, 800 x 1 200 mm *(ou 1 palette à 9 dés solide)*
- 1 palette 800 x 1 200 mm avec, si possible, différentes épaisseurs et largeurs de planches
- Vis à bois antifendage
- Peinture pour bois extérieur de la couleur de votre choix

Des détails qui comptent : les pieds s'encastrent sous le plateau pour une installation simple. Un design à la fois pratique et élégant.

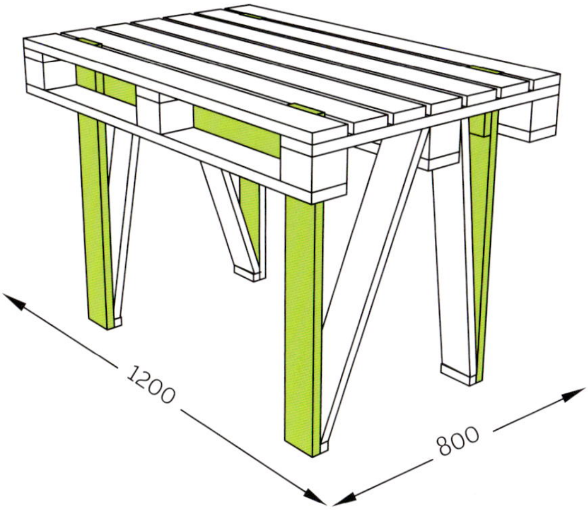

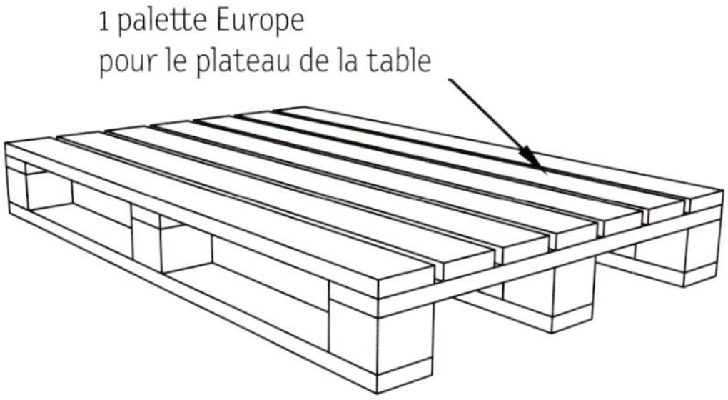

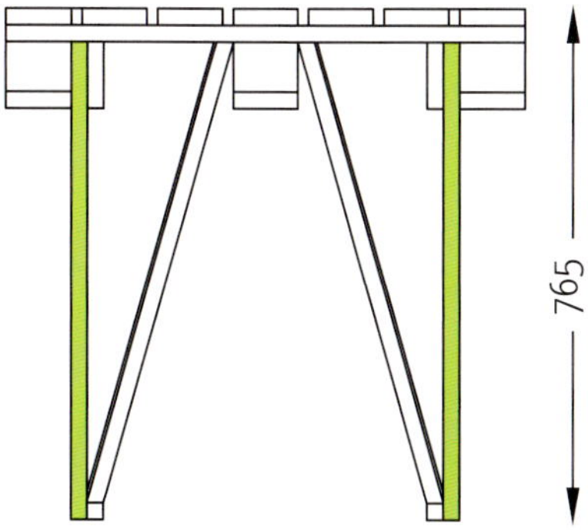

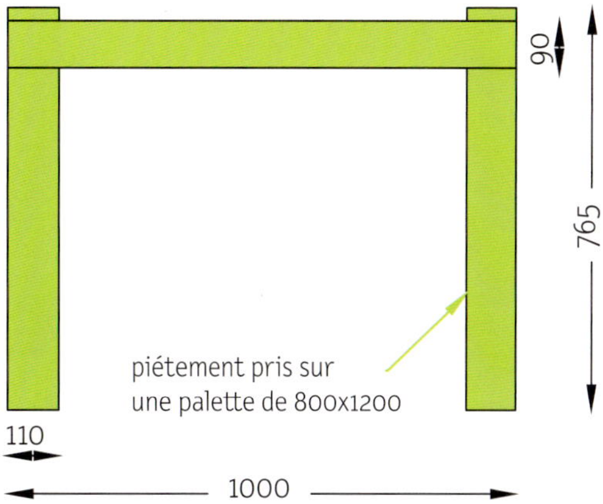

Toutes les cotes présentées dans les schémas sont en millimètres.

Réalisation

1. Démontez la palette de 800 x 1 200 mm selon la méthode 1 (cf. Le démontage d'une palette en bois, p. 16). Récupérez 10 planches pour réaliser le piètement de la table : 6 pour former deux U et 4 pour les contreventements.

2. Posez à l'envers, sur le sol, la palette à dés servant de plateau. Pour déterminer la hauteur du pied, insérez une des planches récupérées dans l'intervalle des deux premières planches du plateau.

3. Tracez un repère à 750 mm. Sciez. Vous avez le gabarit pour couper les trois autres pieds.

4. Pour la longueur de la traverse, calez l'extrémité de la planche à fleur du dé du plateau, puis tracez votre repère au niveau du dé à l'autre extrémité. Sciez.

5. Positionnez les pieds et la traverse sur l'envers du plateau, l'ensemble étant maintenu par des serre-joints.

6. Vissez la traverse aux pieds.
Attention : les planches servant aux pieds doivent avoir leur partie sciée côté sol lorsque la table sera retournée.

7. Répétez les opérations précédentes pour concevoir le second U. Ces derniers sont fabriqués ici avec les 6 planches les plus épaisses (épaisseur de 25 mm et largeur de 110 mm).

8. Les 4 planches restantes vont servir de pièces de contreventement afin de consolider les pieds de la table et de lui garantir une bonne stabilité. Pour déterminer la longueur de la pièce, calez votre planche entre le dé du plateau et le pied, puis tracez un repère en bas de la planche.

Réalisation

9. Tracez un repère en haut de la planche. Sciez. Répétez l'opération avec les 3 autres planches.
Conseil : marquez discrètement de la même lettre chaque pièce et le pied correspondant, cela facilitera le montage de la table.

10. Une cale est nécessaire pour bloquer la pièce de contreventement au niveau du pied. Pour en déterminer la hauteur, positionnez votre pièce de contreventement sur le pied en exerçant une pression vers l'arrière pour rentrer en force ultérieurement, puis tracez un repère.

11. Calez la chute d'une planche sur le tracé effectué précédemment pour reporter la mesure. Marquez votre repère de coupe, puis sciez.

12. Vissez les cales aux extrémités des pieds.

13. La palette utilisée permet d'avoir deux épaisseurs et deux largeurs différentes de planches ; les planches de contreventements sont donc plus fines (épaisseur de 15 mm et largeur de 75 mm) pour alléger le dessin du piétement. Mais vous pouvez avoir des planches identiques à celles du U.

14. Poncez la table avec du papier abrasif à gros grain pour éliminer les risques d'échardes, mais ne cherchez pas à lisser la surface, l'idée étant de conserver un aspect assez brut pour le mobilier extérieur.

15. Sélectionnez une peinture pour bois extérieur afin de protéger votre mobilier des intempéries. Utilisez un petit rouleau pour peindre les planches du plateau et un pinceau rond fin pour les tranches du piétement.
Réf. : Peinture Bois Aqua-Stop®/Bleu patiné - V33.

Philippe Daney
architecte-designer

Philippe en 6 dates

1956 : Naissance à Neuilly-sur-Seine.

1986 : Organisation de « La Nuit de l'Ange », événementiel artistique.

1995 : Première rencontre avec Michel Roset.

1997 : Théâtre national de Rennes - *Le Voyage d'Urien*, d'après le texte d'André Gide.

2002 : Installation de la société Daney Factory au cœur de Rennes.

2008 : Exposition au musée d'Art moderne Richard Anacréon de Granville. Nommé chevalier des Arts et des Lettres.

Architecte DPLG de formation, Philippe Daney est tour à tour designer, éditeur, metteur en scène, artiste... Parallèlement à son travail de designer pour des éditeurs tels Cinna ou Ligne Roset, il conçoit des ambiances lumineuses pour des espaces privés ou publics et enseigne ses savoir-faire dans une école d'arts appliqués. « Je suis enseignant depuis vingt-trois ans, la transmission est partie intégrante de ce que je suis. La valeur principale de cet ouvrage est là, créer pour partager. Et dire : "Fais-le, toi aussi !" »

Comment avez-vous abordé la création de mobilier en palettes en bois?
Le travail sur la palette est intéressant pour ce qu'elle est en tant que matériau, le bois, mais aussi pour ce qu'elle est intrinsèquement, un rapport de pleins et de vides. L'idée était d'imaginer des meubles tout en respectant le rythme de la palette.

Quelles ont été les inspirations à l'origine de vos créations?
Pour les luminaires, je suis parti de chutes de palettes ou de palettes cassées. J'ai toujours aimé créer à partir de « rebuts » car il y a ainsi plus d'intégrité dans la récup', on va jusqu'au bout de la démarche. On prend la palette parce qu'elle est abîmée, jetée, et qu'elle ne sera jamais récupérée dans cet état... J'aime le trouble de la fonction du lampadaire *La part de l'ombre N°2*. À la fois au mur et au sol, quel luminaire est-ce exactement? C'est un objet qui se prolonge tant par la matière que par le jeu d'ombre et de lumière.

Quels sont les avantages ou les inconvénients de la palette?
La palette possède une réelle esthétique. L'esthétique industrielle du bois brut et de la forme, imposant d'elle-même des lignes fortes. Elle est résistante dans le temps, et même si quelques planches sont abîmées, elle permet des réparations faciles. Mais attention au séchage. Si la palette n'est pas bien sèche lorsqu'elle est introduite dans votre intérieur, vous risquez de voir le bois se fendre sous l'effet de la chaleur.

Vos conseils pour se lancer dans la création de meubles et d'objets en palettes?
Cette matière première permet une réaction à l'instant et selon l'envie, car on peut recommencer si on se trompe ; c'est de la récup'. On est décomplexé par rapport à la création, mais aussi par rapport à la couleur car, enfin, on peut oser peindre le bois !

Daney Factory

13, rue de Bray - 35777 Cesson-Sévigné - Tél. : 02 99 14 36 99
collectif@agence-daney.com - www.philippedaney.com

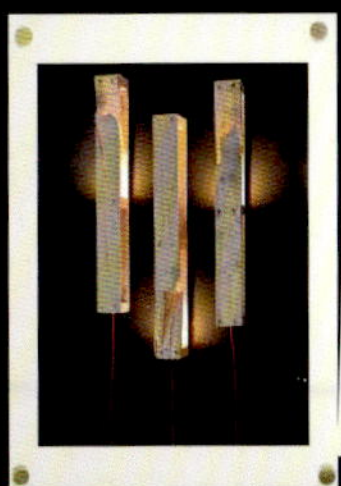

De gauche à droite : La lampe à poser *La queue du chien* (p. 26) ▪ La table de jardin *Miss Table* (p. 76)
Les appliques *En toute tranquillité* (p. 116) ▪ La lampe de sol *Puisque vous partez en voyage* (p. 142)
Le lampadaire *La part de l'ombre N° 2* (p. 174)

LE BUREAU MICHEL

Pour les créateurs de ce meuble, l'objectif était de garder l'identité de la palette. Comment concevoir un bureau aux lignes aériennes tout en conservant les formes de la palette en bois ? Avec un principe d'assemblage simplifié, le bureau *Michel* en est la réponse. Associée à un autre matériau afin d'alléger la structure, la palette se transforme pour dessiner un meuble contemporain.

Mr&Mlle sont heureux de vous présenter leur petit dernier : *Michel*. Un nom « clin d'œil » qui fait écho à ceux que donnent les grandes enseignes de mobilier à leurs bureaux !

CRÉATION :
MR&MLLE®

LE BUREAU MICHEL

LA BOÎTE À OUTILS

Matériel

- Scie égoïne
- Scie à métaux
- Perceuse-visseuse
- Ponceuse excentrique et cale à poncer
- Pinceaux : 1 pinceau plat large et 1 petit pinceau rond

Fournitures

- 2 palettes à chevrons réversibles 1 000 x 1 200 mm *(8 planches de chaque côté)*
- 2 planches de palettes de 1 200 mm de longueur *(largeur selon épaisseur de vos palettes)*
- 1 tube rond acier verni *(∅ 16 mm/L. 2 m)*
- 2 charnières acier zingué *(500 x 300 mm)*
- 6 équerres d'assemblage à bout carré acier *(30 x 30 mm)*
- Peinture de la couleur de votre choix
- Plateau de verre *(gris transparent / 800 x 480 mm)*

Des détails qui comptent : un compartiment caché pour ranger dossiers et fournitures. Un espace de rangement supplémentaire sous le plan de travail.

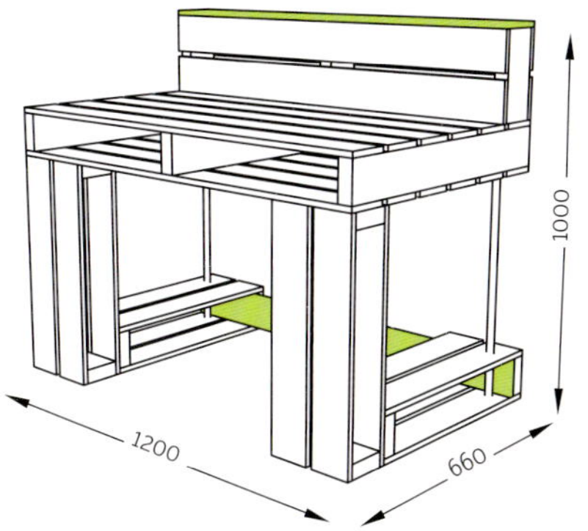

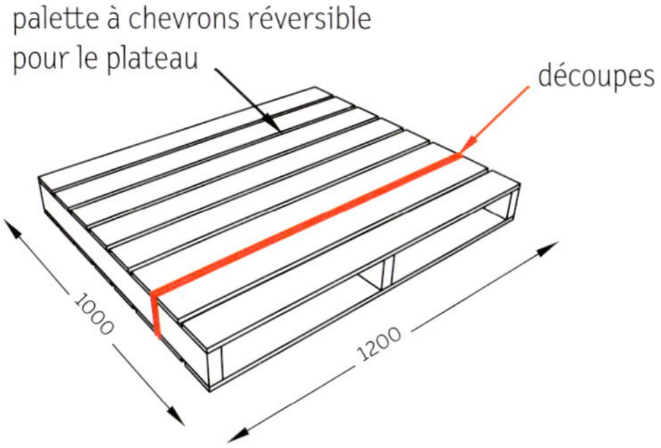

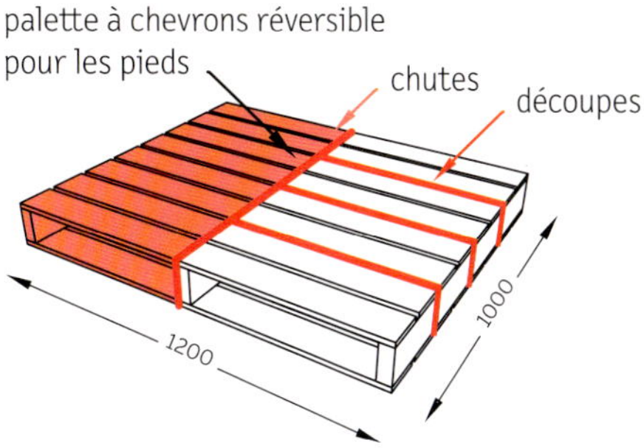

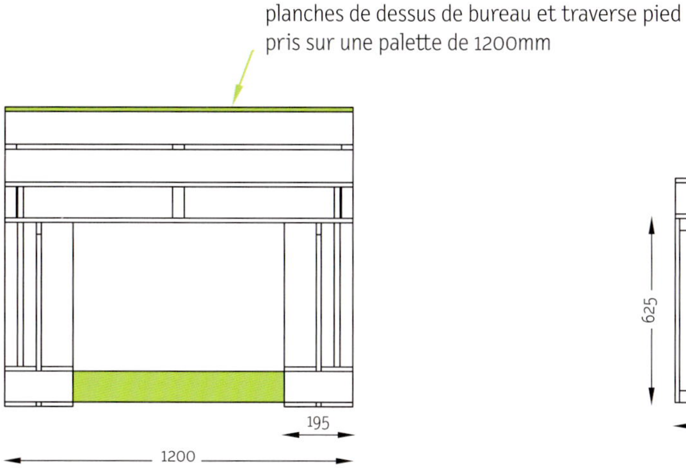

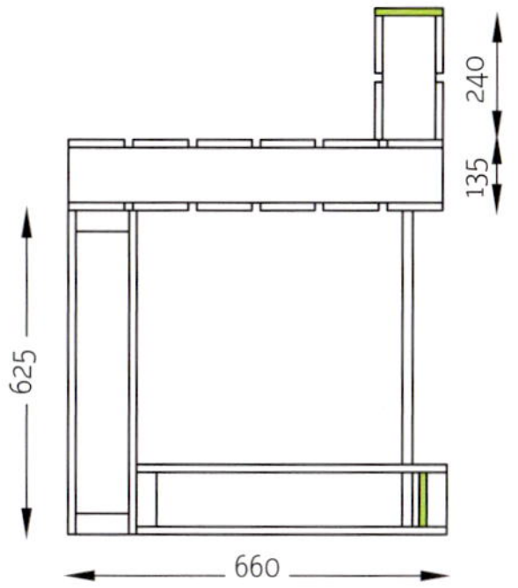

Toutes les cotes présentées dans les schémas sont en millimètres.

Réalisation

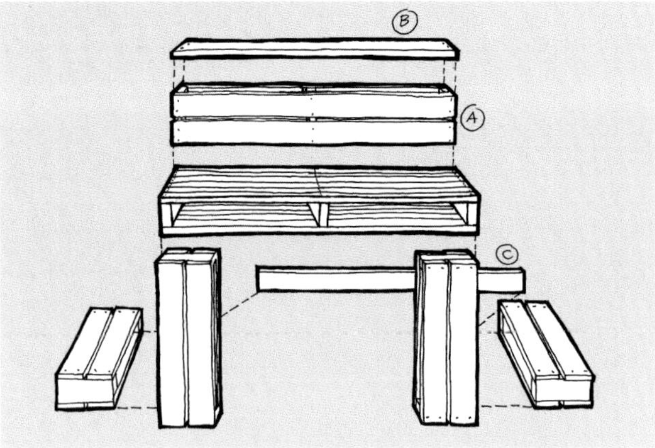

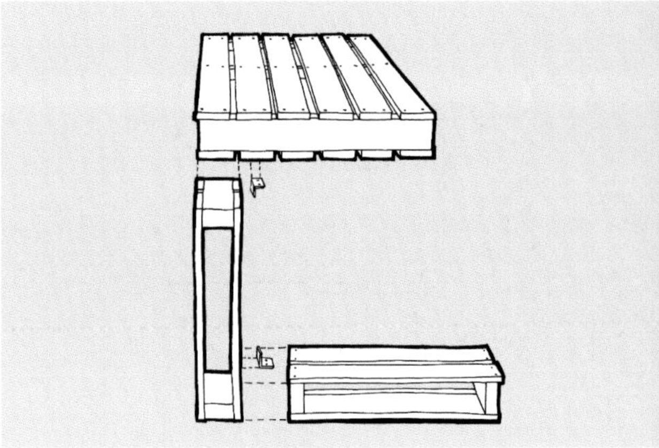

1. Découpez tous les éléments du bureau selon les indications des plans. Dans une palette, les 4 éléments du piètement (l. 195 x L. 625 mm). Dans la seconde, le plateau et son retour. Poncez minutieusement pour obtenir une surface lisse. Passez grossièrement la cale à poncer à l'intérieur des palettes.

2. Positionnez un élément de piètement au sol, puis un second à la verticale pour former les L des pieds. Assemblez-les avec une équerre d'assemblage ainsi que le plateau.

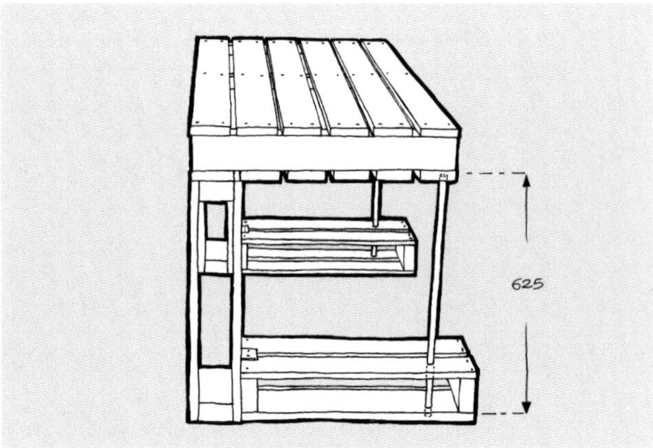

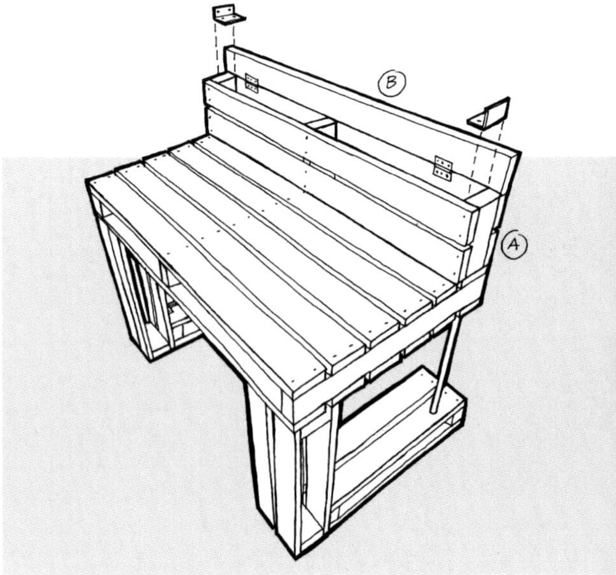

3. Découpez dans votre tube en acier 2 longueurs de 625 mm (hauteur du pied). Repérez l'emplacement du tube, puis percez avec une mèche de 16 mm la première planche du pied et la seconde sur la moitié de son épaisseur. Percez également la planche du plateau sur la moitié de son épaisseur. Insérez les tubes.

4. Fixez le retour (pièce A sur le schéma) sur le plateau avec des équerres d'assemblage. Fermez le dessus en fixant une planche (pièce B sur le schéma) à l'aide de 2 charnières.

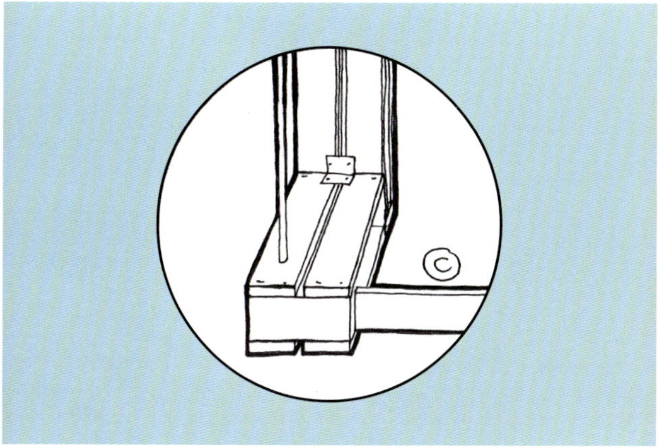

5. Pour la traverse (pièce C sur le schéma), vissez une planche entre les deux pieds.

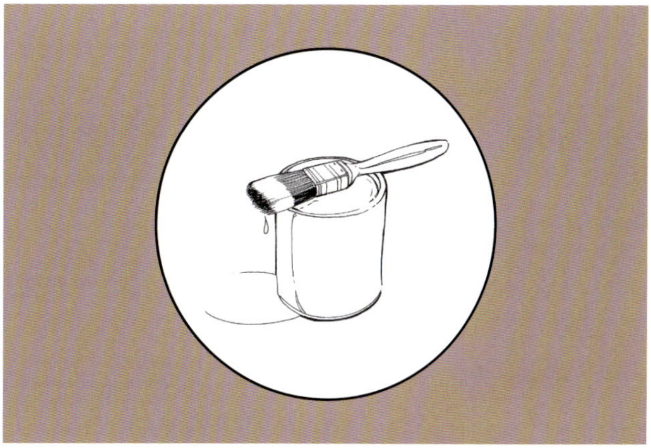

6. Procédez à la mise en couleur du meuble. Pour souligner la forme du bureau, seules quelques planches ont été peintes. L'association du noir et du bois brut confère au meuble un aspect à la fois classique et contemporain.

7. De nombreux meubles anciens cachaient des compartiments secrets. Sans vouloir égaler ces tiroirs aux « trésors », le bureau *Michel* possède son compartiment caché pour soustraire à la vue de tous dossiers et fournitures. Si ce n'est pas pour dissimuler vos secrets, ce compartiment est une solution de rangement idéale !

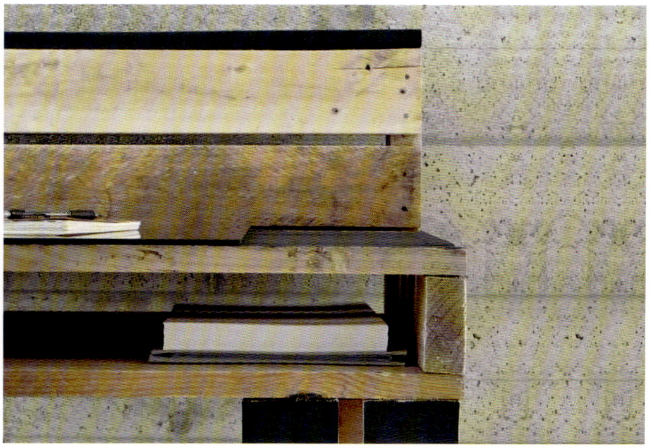

8. L'intervalle entre les planchers supérieur et inférieur de la palette offre un espace de rangement supplémentaire qui vous permet ainsi de libérer le plan de travail de votre bureau.

L'ÉTAGÈRE D'ANGLE GRAND LARGE

Au premier regard, ce meuble est loin d'afficher sa fabrication à base de planches de palettes. Il faut s'en approcher de très près pour distinguer, ici et là, quelques marques de la matière première d'origine. L'étagère *Grand Large* démontre que la palette s'adapte à toutes les idées car, pour sa créatrice, « elle permet de se lancer dans des créations plus complexes sans avoir peur de se tromper et de gâcher du bois plus noble ». À vous de jouer avec les formes !

Grand Large, une métaphore pour suggérer les dimensions du meuble qui, telle l'étendue d'un océan, en impose par sa présence. Un océan cher à la créatrice qui affectionne tout particulièrement la côte de Granit Rose. *Grand Large* était une évidence pour un meuble situé dans une pièce d'eau !

CRÉATION :
BÉA

Réalisation

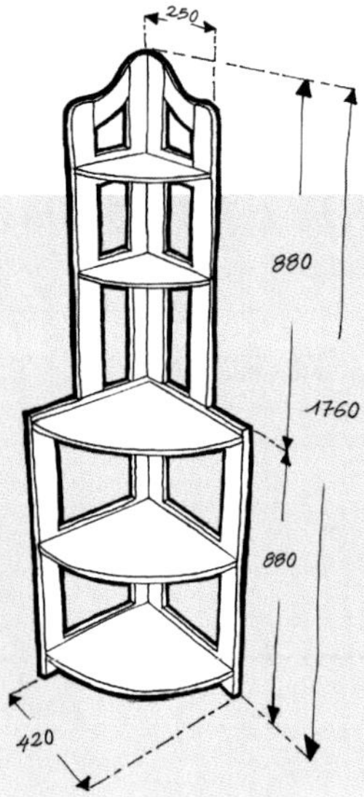

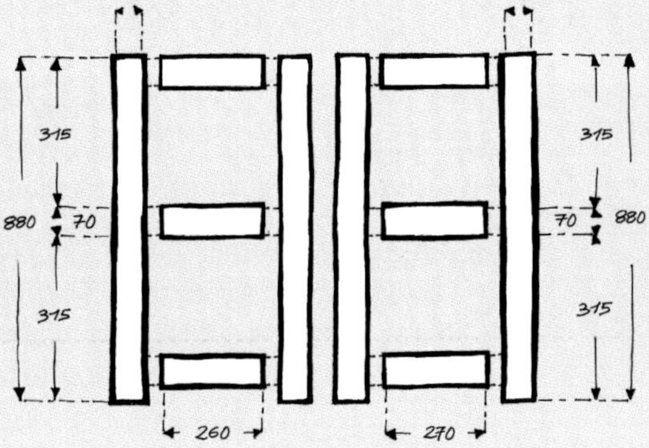

1. Démontez les palettes selon la méthode 3 pour récupérer 14 planches (cf. Le démontage d'une palette en bois, p. 16). Dimensions des planches récupérées ici : L. 900 x l. 70 x e. 15 mm. Poncez toutes les planches avec du papier abrasif gros grain, puis terminez avec un grain fin.

2. Découpez les planches selon le schéma pour fabriquer les montants de la partie basse. Attention : un des montants a des traverses de 260 mm, l'autre de 275 mm. Les montants se chevauchant à l'assemblage, nous ajoutons à l'un d'eux l'épaisseur de la planche afin d'obtenir des mesures intérieures identiques.

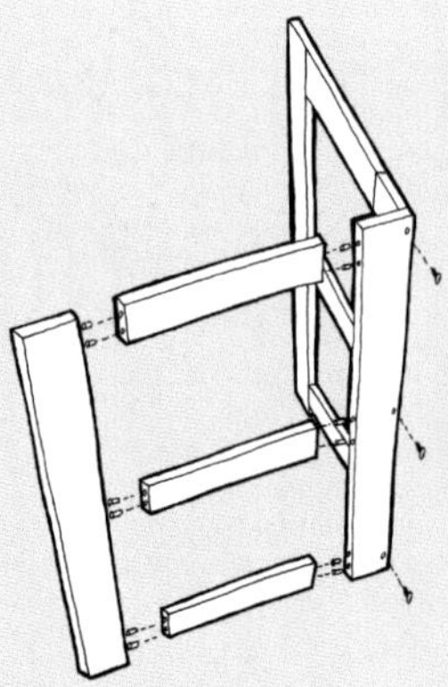

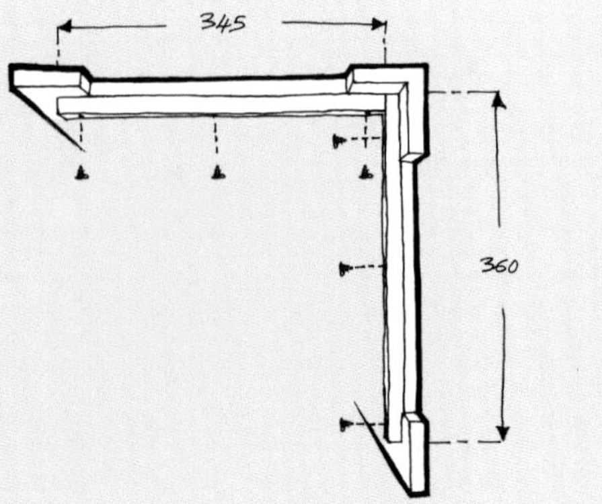

3. Assemblez les pièces de chaque montant avec de la colle à bois et des tourillons (cf. le montage de la table basse *Invader*, p. 50). Puis vissez les deux montants ensemble.

4. Afin de fixer les étagères, vissez des tasseaux sur chaque montant. Reportez-vous au schéma pour les dimensions de ces derniers.

5. Résultat intermédiaire de la partie basse, prête à accueillir les étagères.

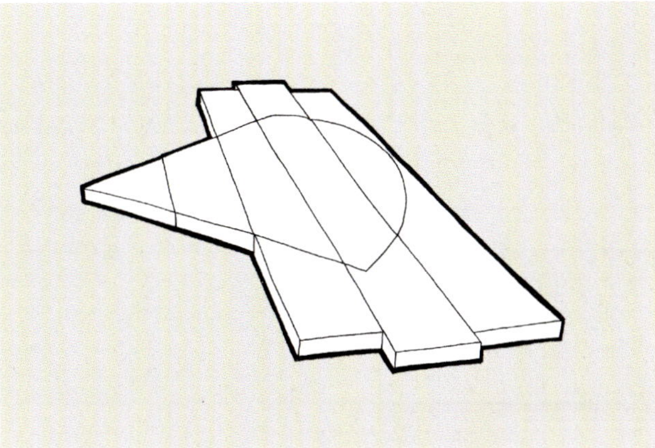

6. Pour les étagères, fabriquez un gabarit en carton dont la forme est un quart de cercle d'un rayon de 395 mm. Alignez 5 planches et reportez le contour de l'étagère à l'aide du gabarit. Sciez avec précision et positionnez les pièces sur les tasseaux pour vérification.

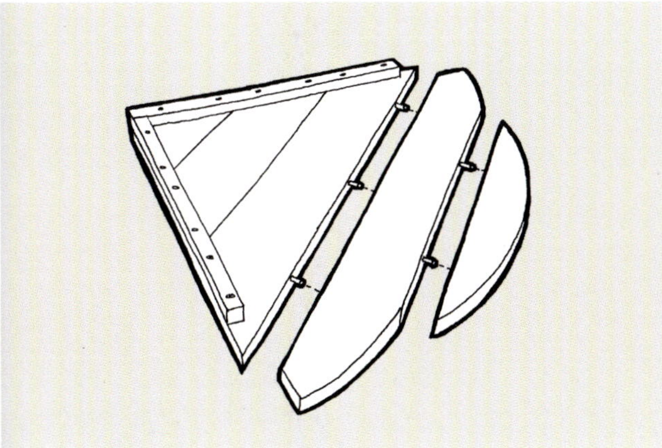

7. Retirez les tasseaux de la structure pour faciliter l'assemblage des étagères. Maintenez les tasseaux sur les pièces composant l'étagère, collez et vissez. Assemblez avec de la colle et des tourillons les deux dernières planches qui ne peuvent être vissées sur les tasseaux.

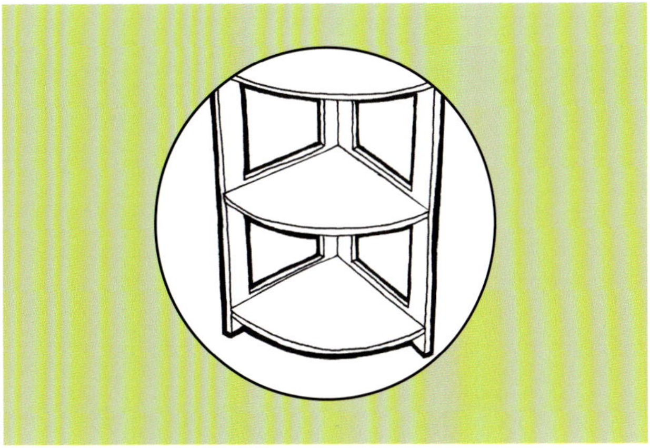

8. Vissez les étagères aux montants en positionnant les tasseaux à leur emplacement d'origine.

Réalisation

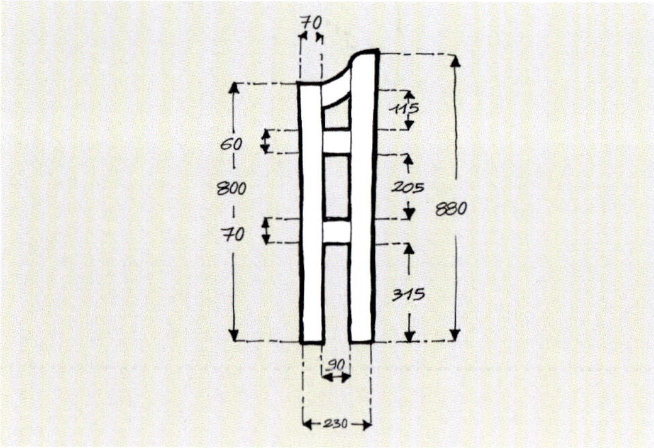

9. Découpez vos planches selon les mesures indiquées sur le schéma pour fabriquer les montants de la partie haute.

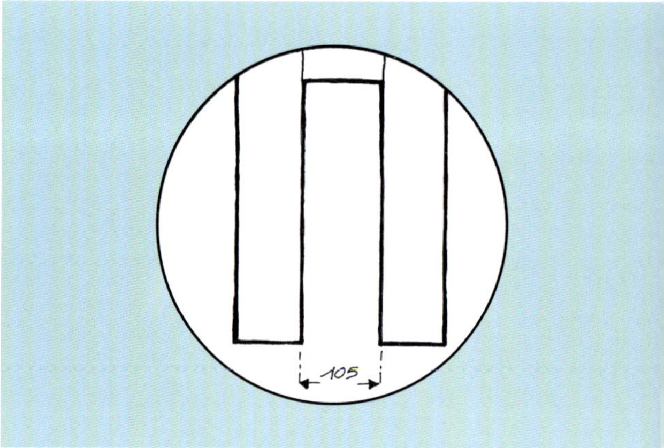

10. Attention aux mesures : comme pour la partie basse, les traverses n'ont pas les mêmes dimensions : 90 mm sur un montant, 105 mm sur l'autre.

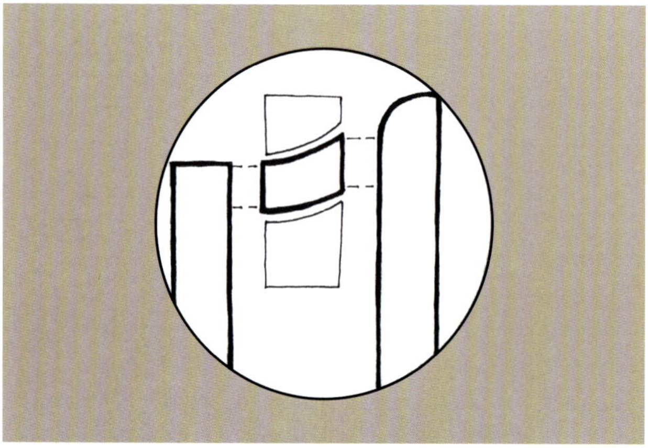

11. Pour réaliser le gabarit de la traverse du haut, positionnez les deux montants verticaux sur une feuille de papier, puis superposez dessus, en l'inclinant, la planche destinée à être sciée. Reportez les contours et dessiner les arrondis. Reportez votre patron sur la planche. Sciez. Pour l'assemblage, suivez l'étape 4.

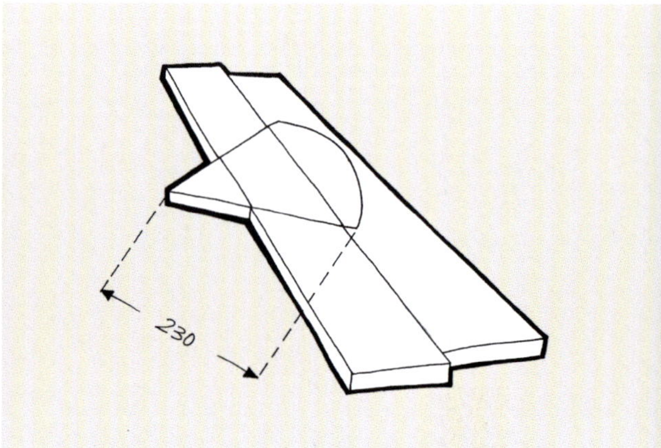

12. Pour les étagères, fabriquez un gabarit dont le quart de cercle a un rayon de 230 mm. Comme pour la partie basse, reportez le contour sur vos planches alignées, puis sciez.

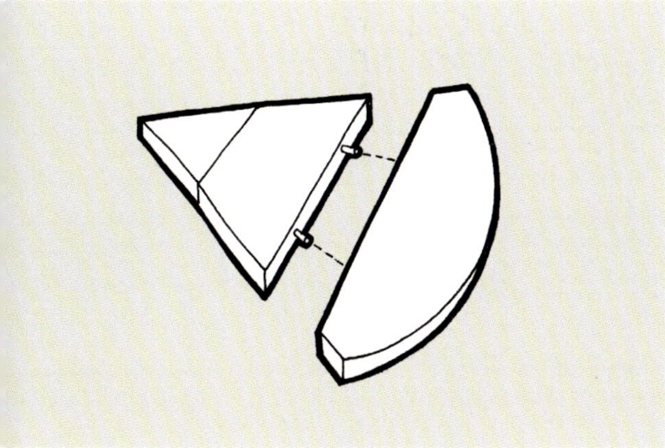

13. Les planches des étagères ne sont pas fixées sur des tasseaux, elles sont uniquement assemblées avec de la colle et des tourillons.

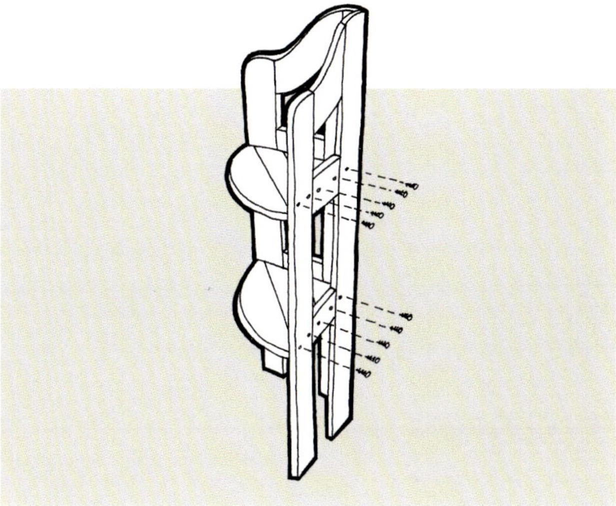

14. Vissez les étagères sur les montants.

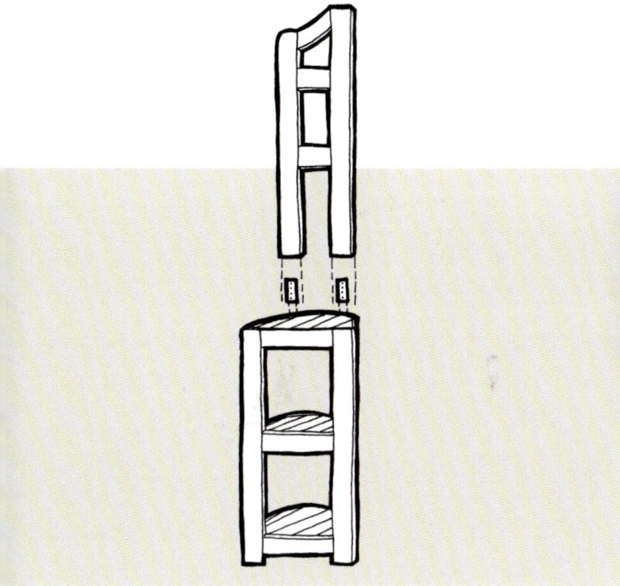

15. Assemblez les deux structures, basse et haute, en fixant deux pattes d'assemblage de chaque côté du meuble.

16. Destiné à la salle de bains, le meuble doit être protégé contre l'eau et l'humidité. Sélectionnez des produits adaptés aux pièces humides.

Réf. : Vernis Cuisine & Bains/Incolore mat - V33

Réf. : Peinture Bois Déco/Bois grisé - V33

ÉDOUARD BAER
dialogue d'acteur
DENIS PODALYDÈS

LE POUF TAPISSIER

Pour la petite histoire, le mot *pouf* est issu de la langue arabe dans laquelle il signifie « coussin ». Élément de mobilier omniprésent dans la décoration orientale, il fait son apparition en Europe au XIXe siècle et devient un siège bas sans accotoirs ni dossier, créé à l'origine pour faciliter l'assise des femmes qui portaient d'encombrantes robes à crinoline... Devenu au fil du temps très populaire, il s'invite alors dans tous les intérieurs. Mobile et pratique, il sert à la fois d'assise d'appoint et de repose-pieds. Dans sa version « palette », le pouf joue la carte de la récup'...

Tapissier, comme référence à un métier que la créatrice, Marion, affectionne particulièrement et dont elle reconnaît « l'art d'un savoir-faire traditionnel ». La sangle, référence première, est montrée. Hommage au travail « caché » du tapissier qui utilise cette dernière comme « structure d'une assise ».

CRÉATION :
LE FOURBI CRÉATIF DE MACHA

LE POUF TAPISSIER

LA BOÎTE À OUTILS

Matériel

- Scie sauteuse
- Perceuse
- Ponceuse vibrante
- Marteau
- Scie à métaux
- Serre-joints
- Scie à onglets manuelle
- Pinceau plat

Fournitures

- 1 palette à chevrons double face, 800 x 1 200 mm *(ici, dimensions des planches : l. 100 mm x e. 20 mm)*
- 1 palette à 9 dés, 800 x 1 200 mm *(ici, dimensions des planches : l. 80 mm x e. 15 mm/ dimensions des dés : 75 x 75 mm)*
- Clous de tapissier *(ø 14 mm)*
- Clous *(ø 3 x L. 70 mm) / (ø 2,2 x L. 40 mm)*
- Clous à tête d'homme *(ø 1,6 x L. 30 mm)*
- 5 m de sangle en jute écrue *(l. 60 mm)*
- Colle à bois
- Tourillons *(ø 8 mm)*
- Peinture bois de la couleur de votre choix

Des détails qui comptent : un siège d'appoint pratique et mobile.
Les bandes de sangle en jute assurent une assise confortable.

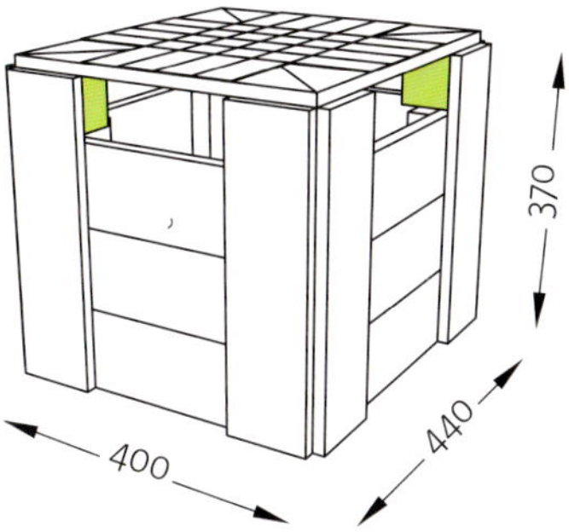

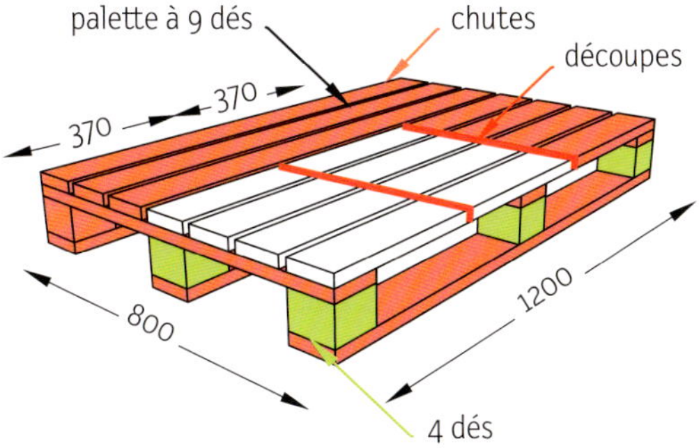

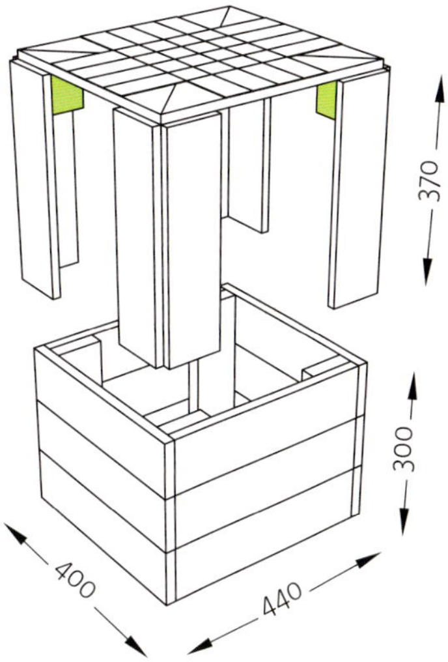

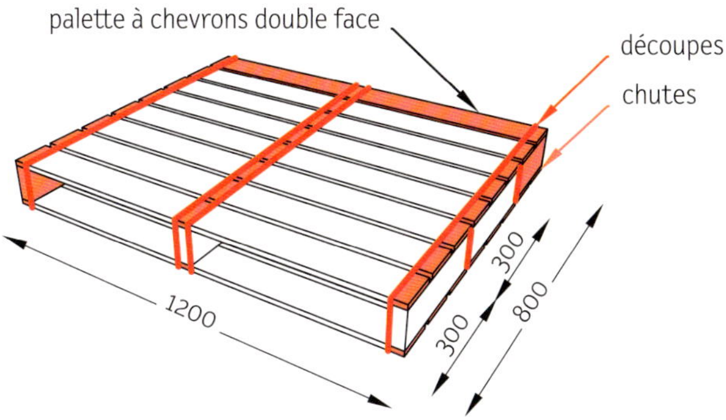

Toutes les cotes présentées dans les schémas sont en millimètres.

Réalisation

LE CUBE

1. Dans la palette à chevrons double face, sciez les planches entre les chevrons pour obtenir 12 pièces de 400 mm de longueur. Après avoir supprimé les bouts de planches restant sur les chevrons avec une scie à métaux, découpez dans ces derniers 4 pièces de 300 mm de longueur.

2. Clouez les planches sur les chevrons, chaque face étant constituée de 3 planches. Les clous utilisés ici font ø 3 x L. 70 mm.

3. Attention à la position de vos chevrons lorsque vous assemblez les planches dessus. Deux faces opposées sont fixées sur la largeur des chevrons ; ce qui explique que vous obtenez 2 faces de 400 mm et 2 faces de 440 mm (cf. schéma assemblage cube p.103 en bas à droite).

4. Avec une ponceuse vibrante, poncez chaque face en commençant au grain 80, pour finir au 120, afin d'obtenir la surface la plus lisse possible.

L'ASSISE

5. Dans la palette à chevrons double face, sciez 4 planches entre les chevrons pour obtenir 2 pièces de 400 mm de longueur et 2 pièces de 440 mm de longueur. Avec la scie à onglets manuelle, réalisez des coupes d'angle à 45° sur chaque planche.

6. Poncez les 4 éléments avec un papier abrasif au grain 80, puis finalisez au grain 120.

7. Assemblez avec de la colle et des clous (ø 2,2 x L. 40 mm) les planches sur les dés préalablement récupérés sur la palette à dés. *Attention au positionnement des planches : 2 planches opposées de 400 mm et 2 planches opposées de 440 mm.*

8. Préparez 2 tourillons de ø 8 mm par dé pour l'assemblage final. Tracez les emplacements avec pour mesures 20 x 20 mm depuis les bords du dé. Avec une mèche à bois de ø 9 mm, percez des trous d'une profondeur de 2 mm de plus que la longueur du tourillon afin de laisser une place pour la colle.

Réalisation

9. Peignez uniquement les planches de l'assise. Soutenue, la teinte choisie fait écho aux discrètes bandes rouge bordeaux de la toile de jute.
Réf. : Peinture Bois Déco/Coquelicot - V33

LE TISSAGE DE L'ASSISE

10. Pour déterminer la longueur des bandes, prenez une longueur de planche à laquelle vous ajoutez deux fois la demi-largeur des planches. Soit, ici, 540 mm (440 + (2 x 50)), puis 500 mm (400 + (2 x 50)).

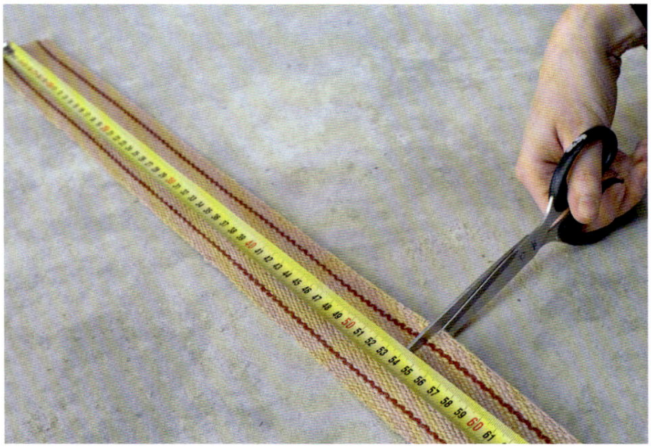

11. Coupez plusieurs bandes de sangle en jute pour vérifier le nombre nécessaire afin d'obtenir un espacement identique entre toutes.

12. Clouez les bandes à l'aide de clous de tapissier.
Conseil : pour tendre plus facilement le tissu, commencez par appointer le centre, puis les extrémités, avant de poursuivre sur toute la largeur de la bande.

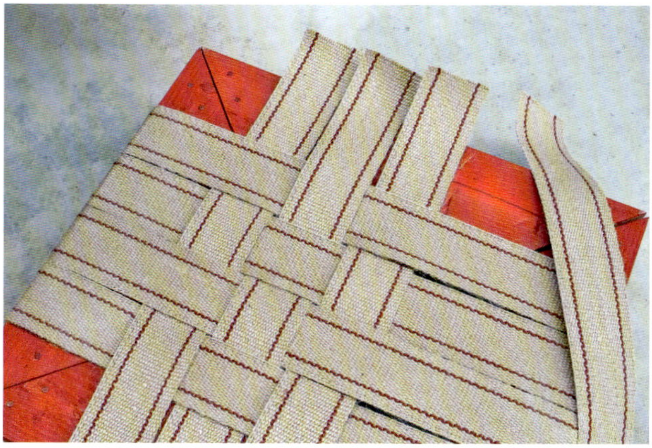

13. Retournez l'assise pour tisser les bandes entre elles, puis clouez.

L'ASSEMBLAGE DU CUBE ET DE L'ASSISE

14. Insérez les tourillons dans les dés et badigeonnez-les à la craie. Superposez les éléments et appuyez pour reporter les tracés sur le cube. Percez. Vérifiez l'assemblage puis déposez de la colle à bois dans les trous pour consolider l'ensemble.

LA FINITION DU POUF

15. Pour réaliser la finition des angles du pouf, récupérez 4 planches d'une longueur de 740 mm sur la palette à dés. Sciez-les en deux, vous obtenez ainsi 8 pièces de 370 mm de longueur. Poncez les éléments.

16. En vous aidant de serre-joints, assemblez les planches de finition au cube avec de la colle à bois et des clous à tête d'homme (ø 1,6 x L. 30 mm). Peignez les angles du pouf de la même couleur que l'assise.

Le Fourbi Créatif de Macha

Marion Davaud, créatrice

Marion en 5 dates

1985 : Naissance à Cholet.

2005 : Diplôme de décoratrice-étalagiste, CEPRECO de Lille.

2008 : Création de l'entreprise *Le Fourbi Créatif de Macha*.

2009 : Référencement à la Mission des métiers d'art/Pays-de-la-Loire.

2010 : Projet personnel d'éco-rénovation d'une maison.

Marion fait partie de ces personnes qui œuvrent discrètement dans leur coin. Elle récupère, elle assemble, elle invente... Depuis toujours, elle crée pour décorer son intérieur. Par conviction et, elle l'avoue, « par manque de moyens au début », elle crée avec ce qu'elle a sous la main ! « Récupération d'objets et de meubles, détournement, c'est devenu au fil du temps une véritable démarche d'éco-création. » Son métier devient une évidence, *Le Fourbi Créatif de Macha* est né.

Comment avez-vous abordé la création de mobilier en palettes en bois ?
Au quotidien, je travaille de nombreux matériaux de récupération, la palette en bois en fait partie. Elle constitue la valeur ajoutée d'un meuble, celle de l'objet éco-conçu. L'intérêt de son utilisation est le sur mesure et la personnalisation.

Quelles ont été les inspirations à l'origine de vos créations ?
Le mobilier en bois de palette n'est pas seulement un mobilier brut pour un style « récup' ». Le travail des formes ou l'association de matériaux illustrent le potentiel de la palette dans la création de meubles et d'objets aux styles variés. Pour le pouf, l'adjonction d'un autre matériau était une évidence afin de le rendre plus confortable, d'où les sangles en jute. Quant à la tête de lit, je désirais réaliser un meuble polyvalent, à la fois tête de lit, chevet et luminaire !

Quels sont les avantages ou les inconvénients de la palette ?
Je préfère les avantages. C'est économique et facile à se procurer. Et puis, la palette offre un large champ de création. Elle peut être utilisée entière ou démontée et propose des assemblages simples ou complexes. Elle permet l'erreur car elle n'est pas onéreuse. Pour tous ceux qui souhaitent s'essayer à la conception de meubles et d'objets, elle est un matériau idéal.

Vos conseils pour se lancer dans la création de meubles et d'objets en palettes ?
Il ne faut pas chercher à obtenir un résultat parfait. Adaptez vos créations en fonction des petits défauts de la palette qui en font tout son charme. Il est également important de prendre en compte le travail du bois lorsqu'il change de destination et d'utilisation : séchage, assemblage, température ambiante d'un intérieur ou encore peinture...

Le Fourbi Créatif de Macha
6, rue des Pêcheurs - 44140 Remouillé - Tél. : 02 40 06 62 56
contact@lefourbicreatifdemacha.fr - www.lefourbicreatifdemacha.fr

LES ÉTAGÈRES DE CUISINE DIMANCHE

Ustensiles, épices ou livres trouveront leur place sur ces étagères de cuisine pratiques et originales. Un rangement facile à réaliser quel que soit le type de palettes utilisées, à chevrons ou à dés. Une création à décliner de la chambre au salon...

Dimanche, comme le souvenir de la bonne odeur envahissant la maison à l'heure du déjeuner familial. Souvenir du parfum des mets préparés par grand-mère et, surtout, de cette impatience d'en arriver au dessert pour déguster son gâteau au chocolat.

CRÉATION INSPIRÉE PAR :
ANA WHITE

RÉALISATION :
AURÉLIE DROUET

LES ÉTAGÈRES DE CUISINE DIMANCHE

LA BOÎTE À OUTILS

Matériel

- Scie égoïne
- Marteau
- Serre-joints
- Cale à poncer + papier abrasif
  (gros grain et grain fin)
- Pinceau plat

Fournitures

- 1 palette à chevrons entaillés
  (modèle utilisé ici : 1 060 x 1 110 mm)
- Clous
- Crochets à visser en acier époxy noir
  (ø 2,5 x L. 10 mm)
- Huile mat profond

Des détails qui comptent : un espace de rangement pour libérer de la place dans les tiroirs.
Une double étagère à décliner dans toutes les pièces de la maison.

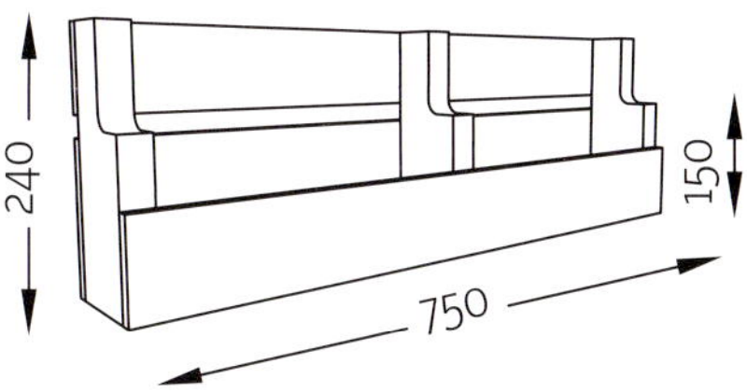

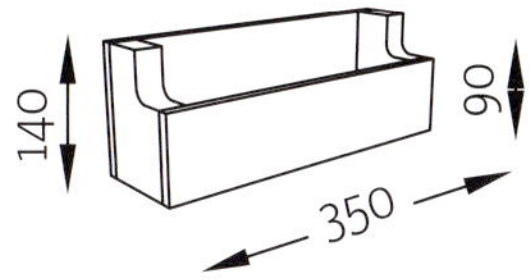

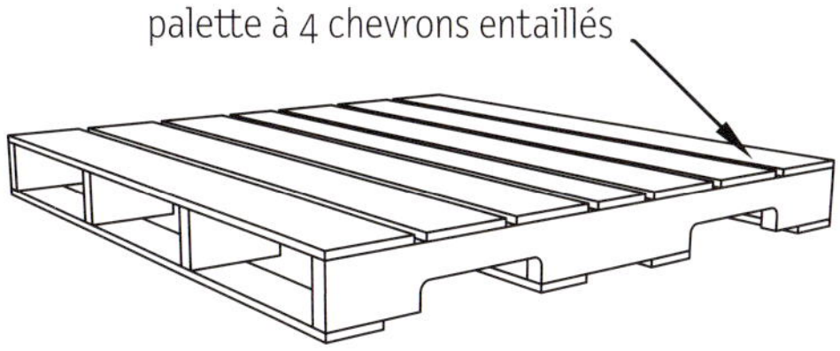

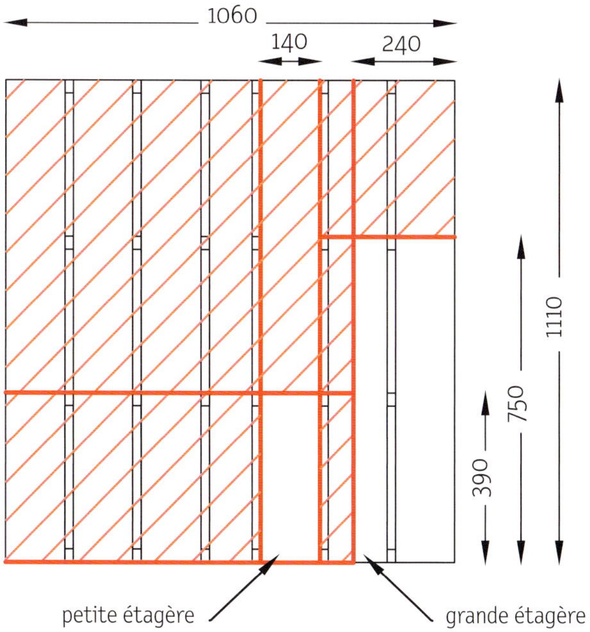

Toutes les cotes présentées dans les schémas sont en millimètres.

Réalisation

1. Pour obtenir deux étagères simples et une étagère double, découpez la palette selon les indications du plan. Vous adapterez le nombre et le format des étagères selon vos besoins.

2. Pour fabriquer le fond de l'étagère, mesurez l'ouverture de cette dernière.

3. Reportez les mesures sur une chute de planche de la palette. Découpez avec la scie égoïne pour une coupe propre et précise.

4. Maintenez les deux éléments avec des serre-joints, puis clouez par-dessous le fond dans l'épaisseur de la planche arrière.

5. Retournez l'étagère et clouez la planche avant dans l'épaisseur de la planche du fond.

6. Poncez l'étagère avec du papier abrasif gros grain pour éliminer les aspérités du bois, puis finissez avec du papier abrasif fin pour lisser la surface. La cale à poncer, pratique pour les petites surfaces, vous permet également d'adoucir légèrement les angles.

7. Finition : À l'aide d'un pinceau plat, appliquez une première couche d'huile. Laissez sécher, puis poncez légèrement avec du papier de verre fin. Dépoussiérez votre support, puis appliquez une seconde couche. Laissez sécher 24 heures.
Réf. : Huile mat profond/Teck de Java - V33

8. Idée pratique : En fixant quelques crochets sous l'étagère, vous garderez à portée de main les ustensiles de préparation et libérerez ainsi de la place dans les tiroirs.

LES APPLIQUES EN TOUTE TRANQUILLITÉ

Qui songerait à récupérer une palette cassée ? Manifestant un vif intérêt pour les « rebuts » dans le processus de création, Philippe Daney démontre avec ses appliques que l'imagination ne connaît pas de limites. Une, deux ou trois pièces que vous pouvez multiplier à souhait et disposer comme bon vous semble, à la verticale ou à l'horizontale, alignées ou décalées. Un luminaire qui laisse le champ libre à votre créativité.

Des cassures de la palette se dégage une certaine violence : on imagine le choc brutal qui a été nécessaire pour briser ses planches. Pourtant, l'applique finie dispense une douce lumière. Une tension, « comme après l'orage, le soleil », que le designer a souhaité souligner au travers du nom de ce luminaire : *En toute tranquillité*.

Le designer Philippe Daney vous propose des appliques équipées de LED*, une technologie de plus en plus utilisée dans le domaine de l'éclairage, mais, sur cette création, vous pouvez adapter des ampoules basse consommation de petit format. Pour cela, référez-vous à la réalisation de la lampe de sol *Puisque vous partez en voyage*.

*LED pour *Light Emitting Diode* en anglais. DEL en français : diode électroluminescente.

CRÉATION :
PHILIPPE DANEY

LES APPLIQUES EN TOUTE TRANQUILLITÉ

LA BOÎTE À OUTILS

Matériel

- Scie égoïne
- Perceuse
- Cale à poncer + papier abrasif *(gros grain et grain moyen)*
- Serre-joints
- Fer à souder + fil en étain
- Tournevis plat
- Pince à dénuder

Fournitures

- 1 palette à chevrons cassée
- 3 LED* HB format carré + câble électrique + driver de 350mA
- 6 petites vis à bois
- Vis et chevilles adaptées à votre type de mur

Des détails qui comptent : la cassure apporte une touche d'originalité.
Les LED peuvent être remplacées par de petites ampoules basse consommation.

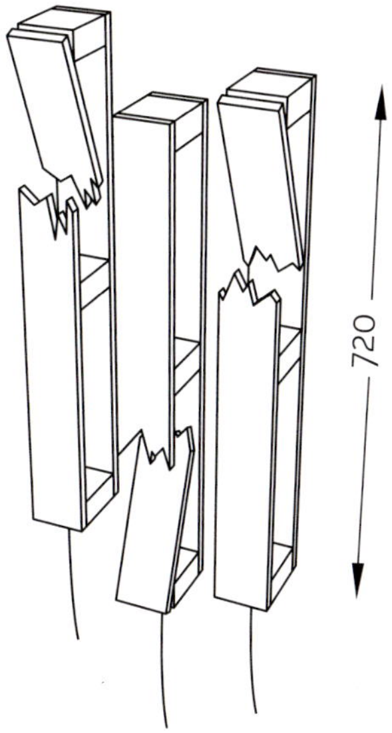

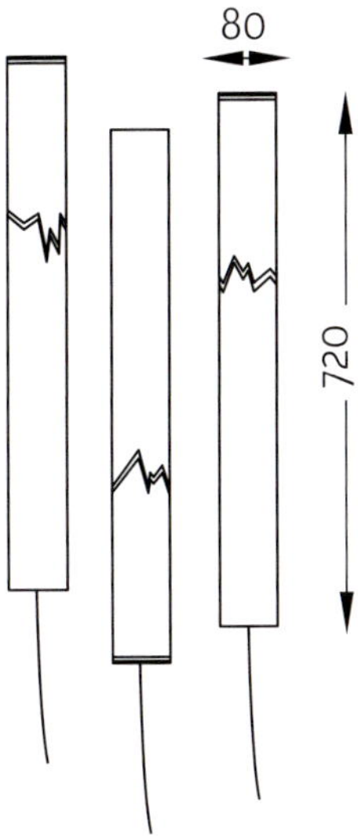

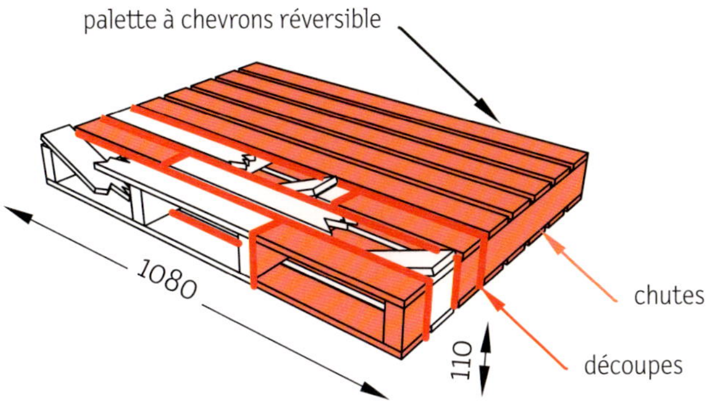

Toutes les cotes présentées dans les schémas sont en millimètres.

Réalisation

1. Sélectionnez les parties cassées de la palette et tracez vos traits de coupe au ras des chevrons. Sciez.

2. À l'arrière de chaque pièce, percez un trou pour l'accrochage au mur.

3. Sous l'applique, au centre du chevron, percez un trou pour le passage du câble électrique.

4. Percez également le chevron central selon l'emplacement souhaité pour la LED, l'ampoule ne devant pas obligatoirement être centrée. Poncez les appliques avec une cale à poncer en commençant avec du papier abrasif à gros grain, puis terminez avec un grain moyen.

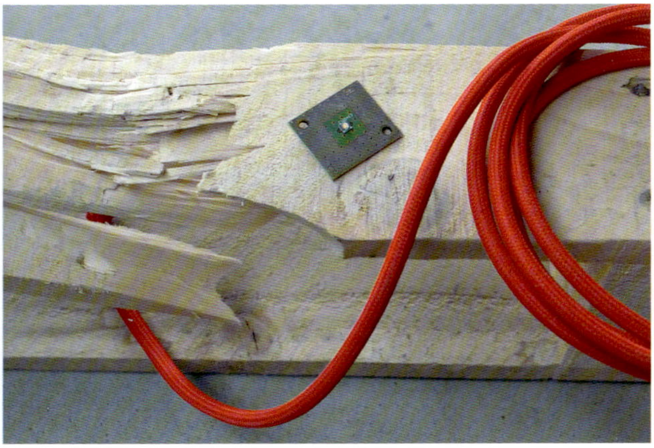

5. Les LED étant installées sur un support en bois, veillez à ne pas dépasser une puissance de 1 W par lampe. La puissance des watts étant déterminée par le driver, faites attention au boîtier d'alimentation utilisé, ici 350mA. Adressez-vous à des magasins d'électronique spécialisés pour vos achats.

6. Maintenez les fils électriques, préalablement dénudés, au dos de la LED. Avec le fer à souder, chauffez et appliquez le fil de soudure au point de contact. Laissez refroidir quelques minutes avant de manipuler. *Attention : vérifiez la notice de votre produit pour la couleur des fils.*

7. Passez le câble dans les trous et vissez la LED sur le chevron. Connectez les fils électriques au driver selon les indications techniques de votre produit.

8. Pour accrocher les appliques, fixez dans votre mur des vis et des chevilles adaptées à la nature du support (bois, pierre, parpaings, plaque de plâtre...).

Karl Zahn
États-Unis

Karl Zahn en 5 dates

1981 : Naissance à Burlington (Vermont/États-Unis).

2003 : Diplôme de la Rhode Island School of Design.

2005 : Première exposition à *The International Contemporary Furniture Fair* à New York.

2009 : Premier prix à la *Design Within Reach M+D+F* pour son miroir *Vladimir*.

2009 : Nomination au *FGI Rising Star*.

Designer indépendant, Karl Zahn vit et travaille à Brooklyn. Diplômé de la Rhode Island School of Design, il part quelques années à Copenhague afin d'étudier le design scandinave. Ses créations, caractérisées par une recherche d'équilibre entre forme et fonction s'inspirent de son expérience danoise. *Vladimir*, ou le Miroir Palette, est le fruit d'un travail de recherche et d'expérimentation personnel.
Alors que la forme de *Vladimir* n'est pas sans rappeler « les vieux miroirs victoriens français, son origine est loin d'en être la feuille d'or ». Conçue à partir de deux palettes partiellement détruites, cette création exprime les possibilités infinies de réutilisation de la palette en bois.
Chaque palette possède « son histoire ». De son lieu d'origine à sa destination finale, elle a peut-être parcouru des milliers de kilomètres ! Les « cicatrices » laissées par son périple en sont les témoins. Tout comme le nom de la palette, marqué par brûlage, qui reste gravé et raconte une histoire singulière.
Le nom, DiMare, qui apparaît sur le devant du miroir est celui d'une entreprise italienne spécialisée dans les produits à base de tomate. Quel rapport avec le nom du miroir ? Le designer a choisi *Vladimir* en référence à *Dracula*, roman de Bram Stoker, dont le titre s'inspire du surnom de Vlad Tepes, prince de Valachie au XVe siècle. Le mythe du vampire, être mortel et immortel, transposé au cycle de vie d'un objet. Pensée pour être détruite, devenue inutile, la palette aura une seconde vie, « telle une résurrection » ! Les marques de fixation à la surface du bois, « ressemblantes à celles du baiser d'un vampire », associées au nom d'un fabricant de sauce tomate « faisant penser au sang humain », renforcent cette drôle d'analogie artistique.

Designpack Gallery

860 Manhattan Ave #4R - Brooklyn NY, 11222 - Tél. : +1 415 202 3661
karl@oboiler.com - www.oboiler.com

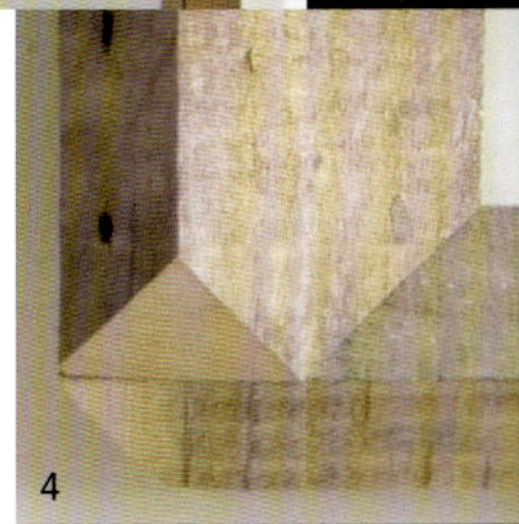

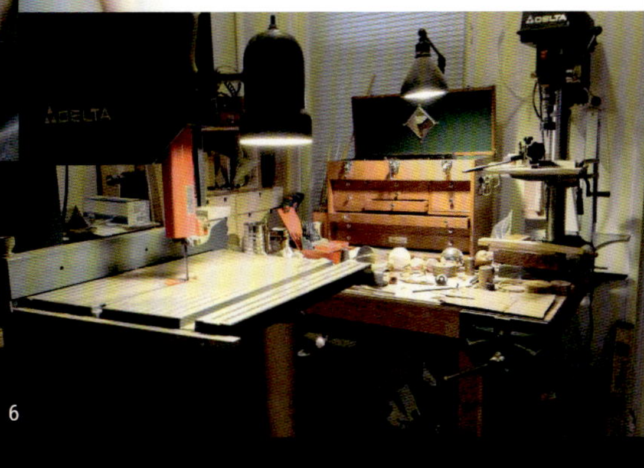

1. Miroir *Vladimir*, vue de face. ▪ 2. Miroir *Vladimir*, détail. ▪ 3. Miroir *Vladimir*, vue de 3/4.
4. Miroir *Vladimir*, zoom sur les angles. ▪ 5. *Animal Box - Bull*, entre la sculpture et le totem, la collection *Animals Boxes* compte six animaux. ▪ 6. L'atelier de Karl Zahn à Brooklyn. ▪ 7. Chutes de bois.

11:39
Je n'ai pas peur !
Jonathan Allen
GASTON
Gaffes et gadgets
Le bureau des gaffes en gros
Lagaffe nous gâte

L'ÉTAGÈRE CHARLOTTE

Simple, pratique et esthétique… Ainsi se résume l'étagère *Charlotte*. Modulable, elle vous est présentée dans une version « horizontale ». Imaginez chaque module à la « verticale »! Un meuble à composer selon ses envies et ses besoins. Le seul impératif : l'équilibre de l'ensemble.

L'étagère *Charlotte*, avec son jeu de modules, rend un humble hommage à Charlotte Perriand, architecte et designer française, pour qui la notion de « modularité » fut un principe fondateur de ses créations.

CRÉATION :
LES M&M DESIGNERS

L'ÉTAGÈRE CHARLOTTE

LA BOÎTE À OUTILS

Matériel

- Scie égoïne
- Scie sauteuse
- Perceuse-visseuse
- Ponceuse excentrique + cale à poncer *(papier abrasif grain moyen et grain fin)*
- Serre-joints
- Pinceaux : 1 pinceau plat à virole coudée, 1 pinceau rond et 1 pinceau plat

Fournitures

- 2 palettes à chevrons à « ailes débordantes », 1 060 x 1 060 mm
- 2 palettes à chevrons réversibles 860 x 1 100 mm
- Tourillons *(ø 8 mm)*
- Colle à bois
- 4 petites vis à bois antifendage
- Craie de couleur
- Peinture bois de la couleur de votre choix

Des détails qui comptent : un meuble modulable à personnaliser selon ses envies.
La couleur à l'intérieur des étagères apporte de la profondeur à l'ensemble.

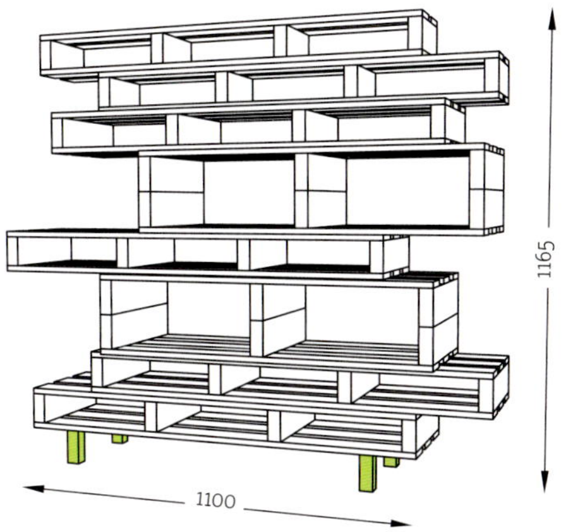

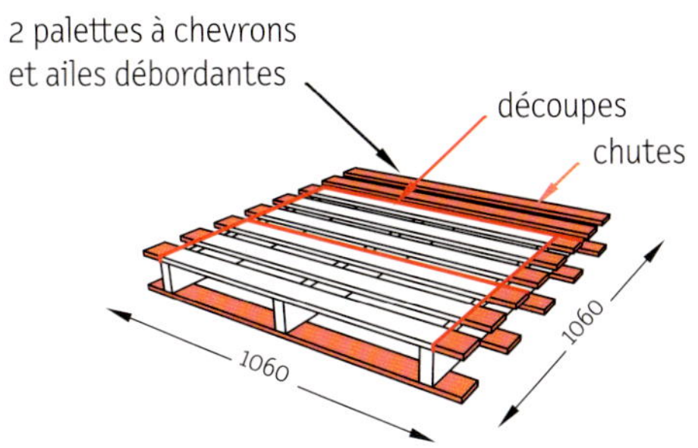

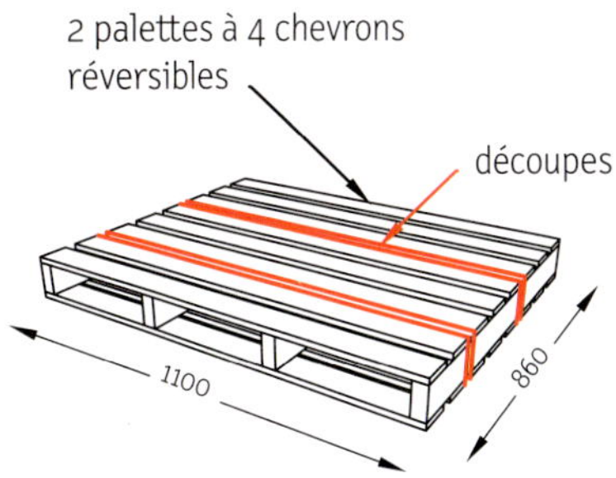

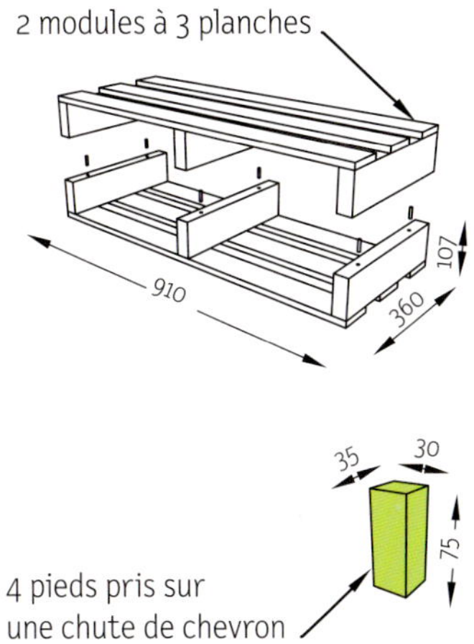

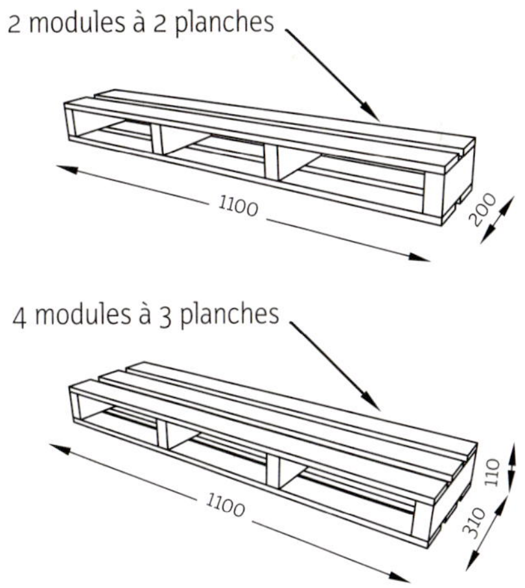

Toutes les cotes présentées dans les schémas sont en millimètres.

Réalisation

1. Sur les 2 palettes réversibles 860 x 1 100 mm, sciez pour chacune 3 modules selon les indications du plan : 2 modules de 3 planches et 1 module de 2 planches. Sciez les chevrons extérieurs avec la scie sauteuse.

2. Sciez les deux chevrons intérieurs à l'aide de la scie égoïne.

3. Conservez 4 chutes de chevrons (sciées entre chaque planche) pour réaliser les pieds.

4. Les 2 palettes à chevrons à « ailes débordantes », 1 060 x 1 060 mm, servent à concevoir des modules plus hauts. Supprimez sur ces palettes les planches du plancher inférieur.

5. À l'aide d'une pince, enlevez les clous restés dans les chevrons.

6. Sur le plancher supérieur, sciez-les « ailes » des planches avec la scie sauteuse.

7. Sciez, pour chacune des palettes, 2 éléments de 3 planches (cf. schéma), le surplus étant de la chute.

8. Un module haut est constitué de 2 éléments de 3 planches, superposés et assemblés avec des tourillons. Avec une mèche à bois de ø 9 mm pour des tourillons de ø 8 mm, percez sur un des éléments 2 trous sur chaque chevron, puis insérez les tourillons.

Réalisation

9. Pour reporter le tracé effectué sur le premier élément, badigeonnez à la craie et avec insistance les tourillons. Positionnez avec précision le second élément dessus, puis appuyez pour marquer les emplacements.

10. Après avoir percé les chevrons du second élément, vérifiez l'assemblage en emboîtant les palettes. Déposez de la colle à bois au fond de chaque trou des tourillons pour consolider l'ensemble.

11. Poncez tous les modules de l'étagère.

12. Sur l'un des modules bas, d'une profondeur de 3 planches, tracez l'emplacement des pieds.

13. Assemblez les pieds au module à l'aide de colle à bois.

14. Laissez sécher les pieds en maintenant l'ensemble avec des serre-joints. Solidifiez l'assemblage en vissant chaque pied au module par l'intérieur de ce dernier.

15. Positionnez les modules de l'étagère en alternant harmonieusement les 6 modules bas et les 2 modules hauts, et en veillant à l'équilibre de l'ensemble.

16. Finition : Pour la mise en couleur des modules hauts de l'étagère, utilisez un pinceau plat et un pinceau rond pour les finitions. Pour les modules bas de 3 planches, dont l'accès à la planche centrale est plus difficile, nous vous conseillons l'usage d'un pinceau plat à virole coudée.
Réf. : Peinture Bois Déco/Papillon - V33

LE PLATEAU-REPAS PÉTULA

Avec ses multiples compartiments, *Pétula* rappelle les plateaux-repas en plastique coloré des années 1970 ! Un objet revisité par Mr&Mlle® qui vous proposent une création ludique, puisque c'est à vous de fabriquer un puzzle en bois à partir de chutes de palettes. Vous choisissez les formes des compartiments, vous déterminez leur emplacement, et vous peinturlurez selon vos envies du moment. Du salon au jardin, *Pétula* sera l'alliée des repas improvisés...

Anagramme de « plateau », *Pétula* est un nom fleuri qui sonne comme un pétale. Un petit jeu littéraire, telle une invitation à un déjeuner sur l'herbe.

CRÉATION : MR&MLLE®

LE PLATEAU-REPAS PÉTULA

LA BOÎTE À OUTILS

Matériel

- Scie sauteuse
- Scie cloche
- Perceuse-visseuse
- Agrafeuse-cloueuse manuelle
- Crayon de bois
- Pinceaux : 1 petit rouleau et 1 pinceau plat

Fournitures

- Chutes de planches de palettes
- 2 planches de contreplaqué, l. 350 x L. 500 x e. 5 mm
- Colle à bois
- Peinture de la couleur de votre choix
- Vernis à l'eau incolore mat spécial cuisine *(norme alimentaire)*
- Vaisselle (1 verre, 1 assiette, des couverts)

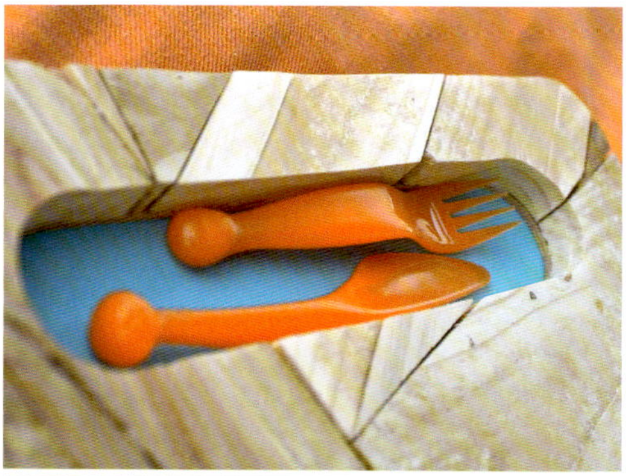

Des détails qui comptent : des compartiments pratiques pour ranger couverts, verres et assiettes.
Un plateau ludique à fabriquer grâce à la réalisation du puzzle en chutes de palettes.

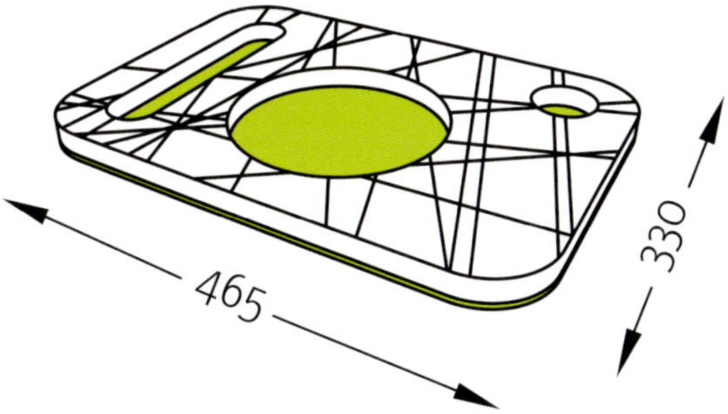

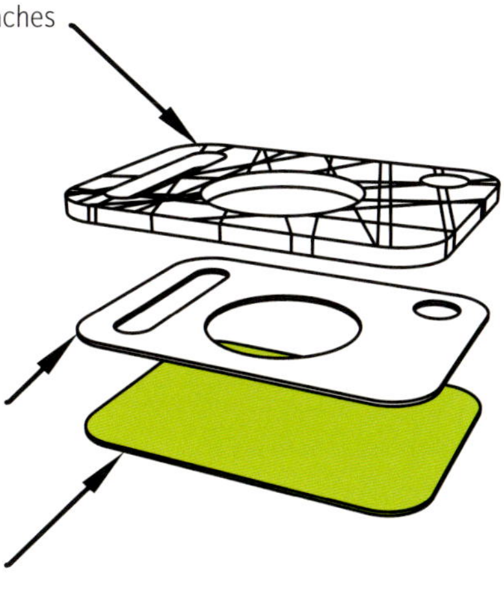

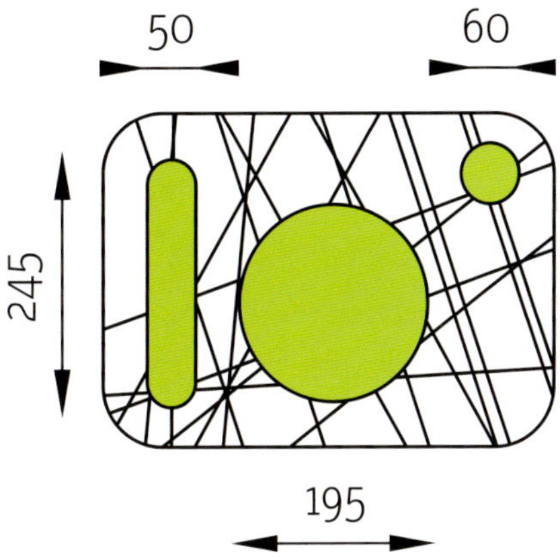

Toutes les cotes présentées dans les schémas sont en millimètres.

Réalisation

1. Découpez une des planches de contreplaqué aux dimensions du plateau : 330 x 470 mm.

2. Dessinez l'emplacement de l'assiette. Il vous servira de repère pour voir le bois perdu lorsque vous disposerez les chutes. Servez-vous d'une assiette ou d'un quelconque objet rond du diamètre souhaité pour le tracé.

3. Réduisez la taille de vos chutes de planches pour en faire des petites pièces de bois afin d'en faciliter la disposition sur le contreplaqué.

4. Composez votre puzzle en bois sur le contreplaqué en ordonnant les chutes de planches les unes à côté des autres. Les pièces ne s'imbriquant pas naturellement, ajustez leur forme à l'aide de la scie sauteuse.

5. Laissez dépasser l'excédent de vos morceaux de bois, ils seront sciés ultérieurement.

6. Collez les pièces sur le contreplaqué avec de la colle à bois. Laissez sécher.

7. Retournez le plateau pour dessiner les compartiments accueillant l'assiette, les couverts et le verre, ainsi que des angles arrondis sur le contour.

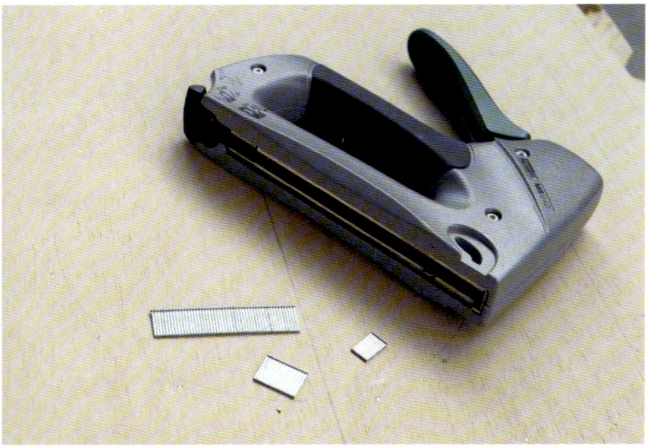

8. Afin de réaliser un assemblage soigné et discret, utilisez une agrafeuse-cloueuse manuelle munie de pointes à tête d'homme.

Réalisation

9. Avec l'agrafeuse-cloueuse, clouez tous les contours (celui du plateau et ceux des emplacements de la vaisselle) pour rigidifier l'assemblage.

10. Découpez à la scie sauteuse le contour du plateau.

11. Pour scier les ouvertures de l'assiette et des couverts, percez à l'intérieur du tracé, contre le trait, un trou d'un diamètre légèrement supérieur à celui de votre lame de scie sauteuse.

12. Passez la lame de la scie sauteuse dans le trou et sciez délicatement selon le tracé.

13. Utilisez une scie cloche pour la découpe de l'emplacement du verre.

14. Vissez la seconde planche de contreplaqué, préalablement peinte, au dos de l'assemblage réalisé.

15. Retournez le plateau, puis sciez le surplus de contreplaqué.

16. Passez un vernis à l'eau incolore mat spécial cuisine sur l'ensemble du plateau. *Attention : utilisez un produit répondant aux normes du contact avec les denrées alimentaires, même si ces dernières ne sont pas directement posées dessus.*

Mr&Mlle®
Bénédicte Lagrange et Jean-Marie Reymond

Bénédicte et Jean-Marie en 6 dates

1981 : Naissance de Jean-Marie à Saint-Nazaire.

1982 : Naissance de Bénédicte à Wissembourg.

2002 : Rencontre sur les bancs de l'École d'arts appliqués.

2006 : Diplôme Design/Architecture d'intérieur de l'école Pivaut de Nantes.

2007 : Création de Mr&Mlle®.

2009 : Voyage de six mois en Inde et au Népal.

Architectes d'intérieur et designers, Mr&Mlle ont été formés au design industriel. Ils le délaisseront peu à peu pour se tourner vers le design dit de récupération, leur questionnement sur la surconsommation et la production de déchets ménagers faisant évoluer leur démarche : « Ne sommes-nous pas en train de nous éloigner de l'attachement que nous portions autrefois aux objets ? » Réutiliser, détourner et associer sont devenus leur marque de fabrique. Une démarche éthique et pragmatique dont la volonté est de « récréer un lien entre l'homme et l'objet ». Un lien qui est encore plus fort lorsque l'homme conçoit son objet.

Comment avez-vous abordé la création de mobilier en palettes en bois?

C'était à la fois simple et compliqué. Simple, car la palette est d'abord un matériau usiné que l'on connaît : le bois. Compliqué, car il ne fallait pas tomber dans le cliché de la palette : trop simpliste... Nous souhaitions proposer des créations accessibles, c'est-à-dire faciles à reproduire, mais aussi esthétiques et fonctionnelles tout en respectant les normes (hauteur de bureau, de meuble de chevet...).

Quelles ont été les inspirations à l'origine de vos créations?

Le quotidien! Créer des meubles adaptés aux besoins de la vie courante. Nous aimons concevoir des objets utiles et pratiques, empreints d'une note d'originalité. Le chevet-lampe est l'association de plusieurs fonctions au sein d'un seul objet, c'est un meuble « intelligent » qui simplifie la vie! Le plateau-repas est ludique dans sa fabrication, ramené au jeu et à l'idée du puzzle. Le travail sur le bureau a été différent car c'est la palette qui en a déterminé la forme. Nous voulions que la palette soit identifiable. Le plateau a été le premier élément dessiné puis nous avons tourné autour, tout en essayant de concevoir un meuble aux lignes aériennes.

Vos conseils pour se lancer dans la création de meubles et d'objets en palettes?

Il faut bien choisir le type de palette selon la création à réaliser. Par exemple, une lampe et un bureau ne sont pas égaux devant la résistance des piétements. Il faut aussi sélectionner ses sections de bois pour obtenir le meilleur effet. Attention aux nœuds et aux parties endommagées qui pourraient compromettre, à moyen terme, la qualité de votre création.

Mr&Mlle

6 bis, rue Noire - 44000 Nantes - Tél. : 02 40 48 54 96

contact@mretmlle.com - www.mretmlle.com

SBC

BelThazar
BelThazar

LA LAMPE DE SOL PUISQUE VOUS PARTEZ EN VOYAGE

La création d'un luminaire peut en décourager plus d'un, notamment à cause de la partie « électricité ». Rassurez-vous avec cette réalisation, synonyme de simplicité. Des fournitures réduites au strict minimum, un outillage basique, un montage enfantin et une installation électrique facile pour un résultat surprenant! *Puisque vous partez en voyage* est la lampe idéale pour composer une ambiance lumineuse douce. Une lampe de sol, légère et pratique, qui se déplace au gré de vos envies dans votre intérieur.

Puisque vous partez en voyage, un nom qui évoque la forme et l'utilisation du luminaire. Une lampe de sol qui reprend le volume d'un sac, d'une mallette... et qui est faite pour voyager dans l'espace de la maison.

CRÉATION :
PHILIPPE DANEY

LA LAMPE DE SOL PUISQUE VOUS PARTEZ EN VOYAGE

LA BOÎTE À OUTILS

Matériel

- Scie égoïne
- Perceuse-visseuse
- Ponceuse excentrique + cale à poncer
- Pinceau plat à virole coudée
- Tournevis d'électricien
- Pince à dénuder

Fournitures

- 1 chute de palette à chevrons à « ailes débordantes », 520 x 530 mm *(la chute utilisée ici provient de la chaise longue* Cinchas*)*
- 1 chute de planche de palette
- Douille lisse E27
- Cordon électrique rouge avec interrupteur et fiche mâle intégrés
- Ampoule Éco incassable E27/11W
- Tige filetée creuse *(ø 10 x L. 20 mm)*
- Vis à bois antifendage
- Peinture de la couleur de votre choix

Des détails qui comptent : une lampe de sol légère, à placer n'importe où.
La réalisation est simple et nécessite peu de matériel.

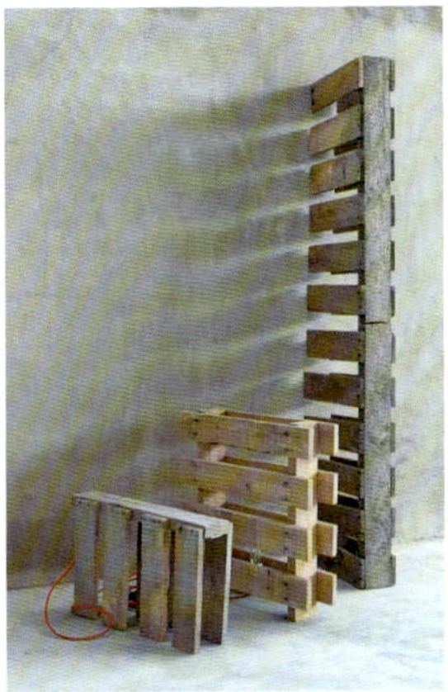

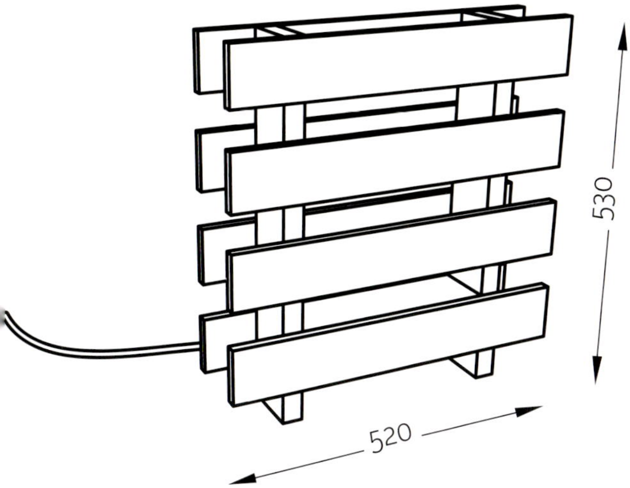

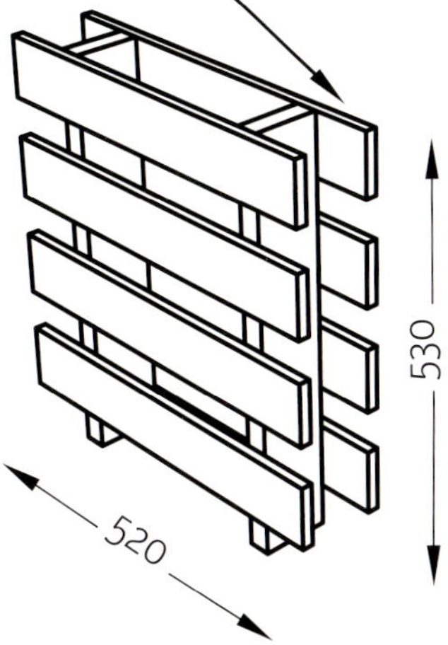

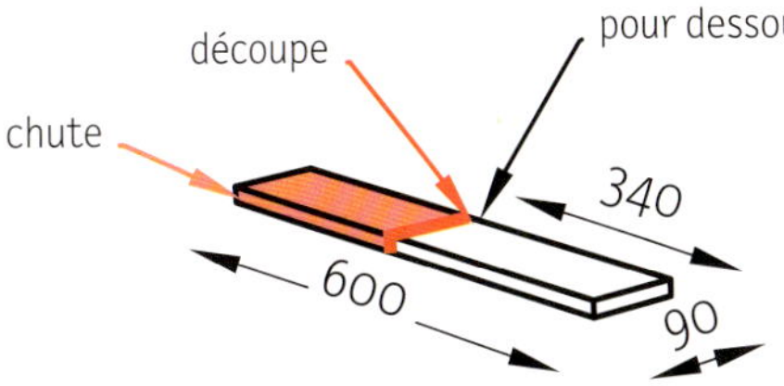

Toutes les cotes présentées dans les schémas sont en millimètres.

Réalisation

1. Poncez l'extérieur de la chute de palette avec la ponceuse excentrique et l'intérieur avec la cale à poncer.

2. Pour fabriquer le fond de la lampe, mesurez l'ouverture de cette dernière et reportez-la sur votre chute de planche. Une fois sciée, votre planche doit rentrer en force afin que le fond ne bouge pas. Tracez les diagonales sur la planche pour en marquer le centre.

3. Percez la planche sur le repère avec une mèche du diamètre de votre tige filetée.

4. Peignez la lampe avant de procéder à l'installation électrique. Seul l'intérieur du luminaire est peint. Pour faciliter la mise en couleur, utilisez un pinceau plat à virole coudée qui permet d'atteindre plus facilement les surfaces peu accessibles.
Réf. : Peinture Bois Déco/Blanc coco - V33

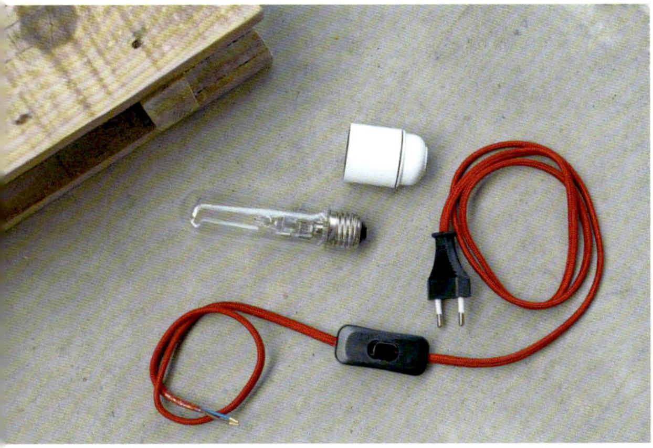

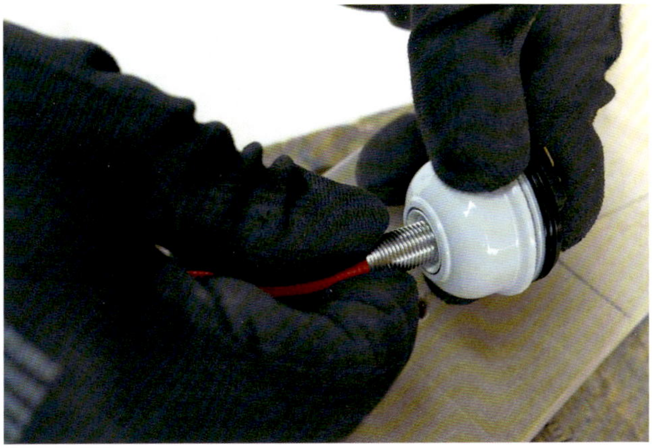

5. Pour faciliter l'installation électrique de vos luminaires, les fabricants proposent des cordons avec interrupteur et prise mâle intégrés, les fils électriques étant parfois même dénudés. Disponibles dans le commerce, ces produits répondent aux normes de sécurité et sont simples à installer.

6. Vissez le culot de la douille sur la tige filetée et faites passer le cordon électrique.

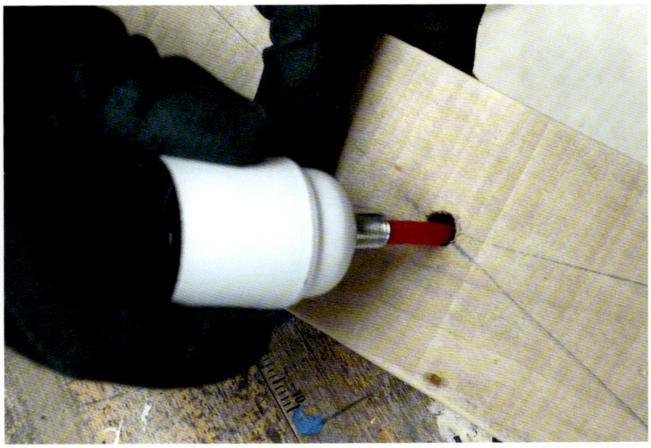

7. Après avoir dénudé les fils électriques sur 5 mm environ (si cela n'est pas déjà fait sur votre produit), insérez-les dans les bornes du noyau, préalablement desserrées. Resserrez fortement les vis à l'aide d'un petit tournevis plat. Emboîtez le noyau dans le culot, puis remettez le corps de la douille.

8. Encastrez la tige filetée dans la planche. Positionnez le fond de la lampe en vous aidant d'une cale de frappe et d'un marteau pour l'emboîter en force mais avec douceur. Vissez l'ampoule et branchez !

LE BANC DE JARDIN LÉZARD

Symbole d'échange et de lien social, lieu de séduction ou de contemplation, objet de rêverie, nous prêtons au banc de multiples usages. Il reste un élément indispensable au jardin, public ou privé. Installé à l'ombre d'un arbre, le banc de jardin *Lézard* est idéal pour faire une pause, seul ou entre amis.

Lézard pour lézarder ! Un banc qui vous invite à imiter ce petit animal qui se prélasse au soleil.

CRÉATION :
MARIE-NOËLLE SALAÜN
& AURÉLIE DROUET

LE BANC DE JARDIN LÉZARD

LA BOÎTE À OUTILS

Matériel

- Scie égoïne
- Scie à métaux
- Visseuse-dévisseuse
- Marteau
- Ponceuse excentrique + cale à poncer
- Serre-joints
- Pinceau plat
- Chiffon doux

Fournitures

- 3 palettes à chevrons à « ailes débordantes », 800 x 1 200 mm
- Vis à bois antifendage pour l'extérieur
- Clous inox
- Huile de lin
- Essence de térébenthine

Des détails qui comptent : les traverses assurent à la création une assise solide.
Le banc peut être placé aussi bien en intérieur qu'en extérieur.

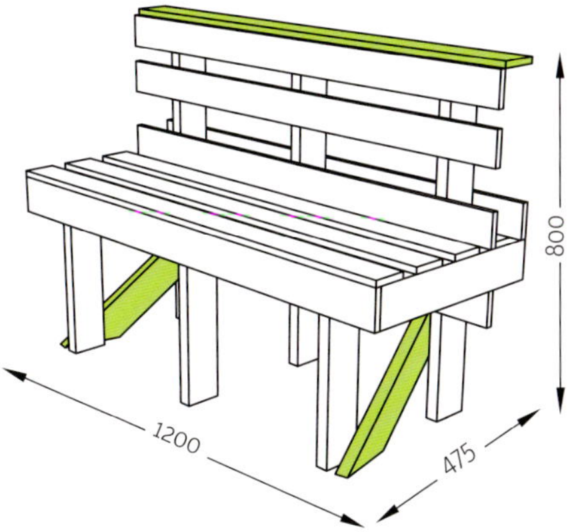

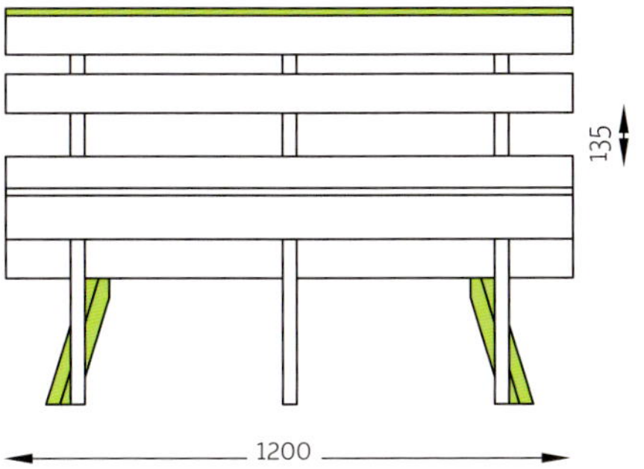

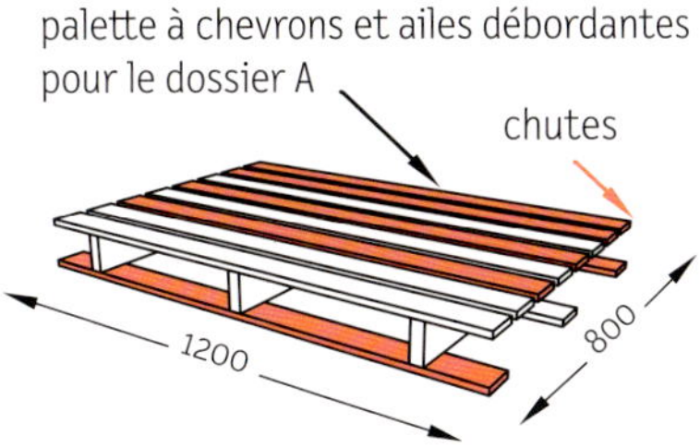

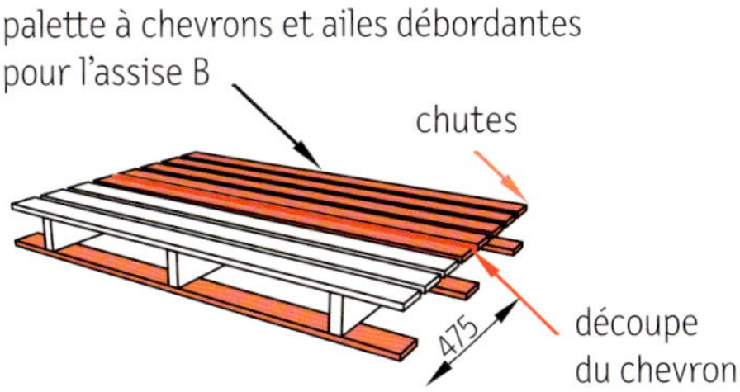

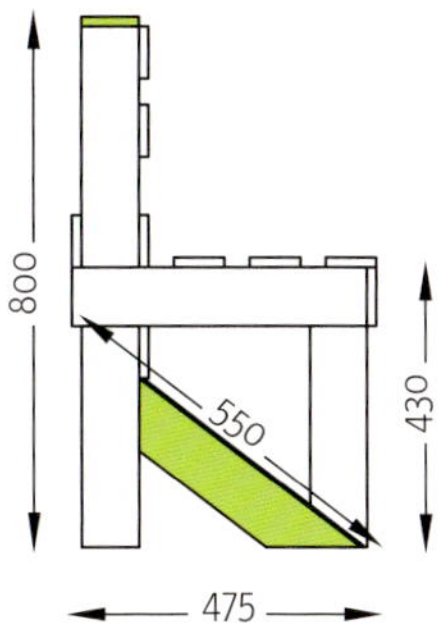

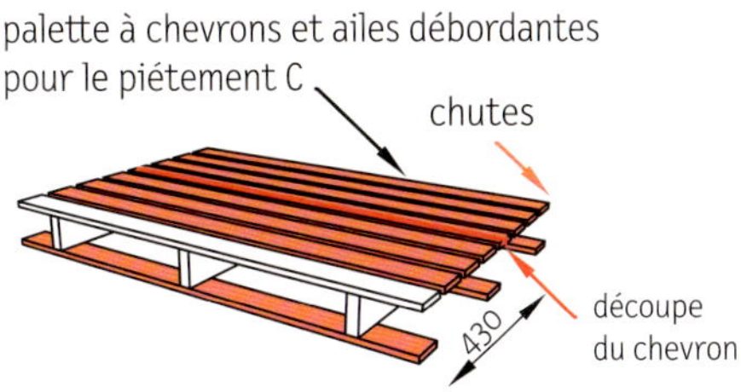

Toutes les cotes présentées dans les schémas sont en millimètres.

Réalisation

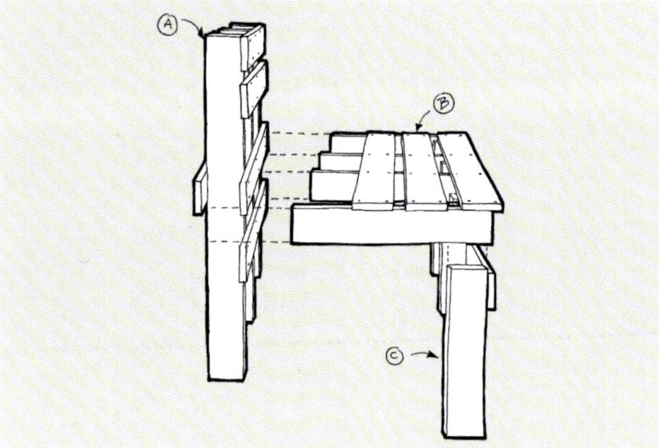

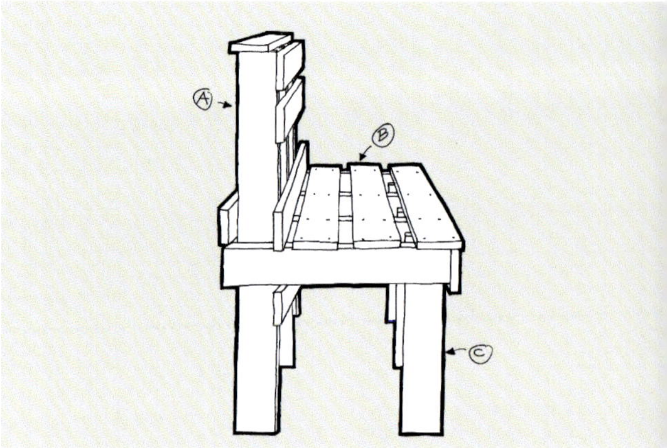

1. Sur la palette B, mesurez la profondeur souhaitée, puis retirez les planches restantes pour libérer les chevrons selon la méthode 3 (cf. Le démontage d'une palette en bois, p. 16). Enlevez toutes les planches inférieures. Sur les palettes A et C, supprimez les planches en trop en fonction du rendu esthétique désiré.

2. Encastrez les chevrons de l'assise (B) entre deux planches du dossier (A) à une hauteur d'environ 430 mm. Sciez l'excédent des chevrons. Mesurez la hauteur du pied sur la palette A et reportez-la sur la palette C, puis sciez au ras d'une planche pour positionner le piètement (C) sous l'assise, à fleur de planche.

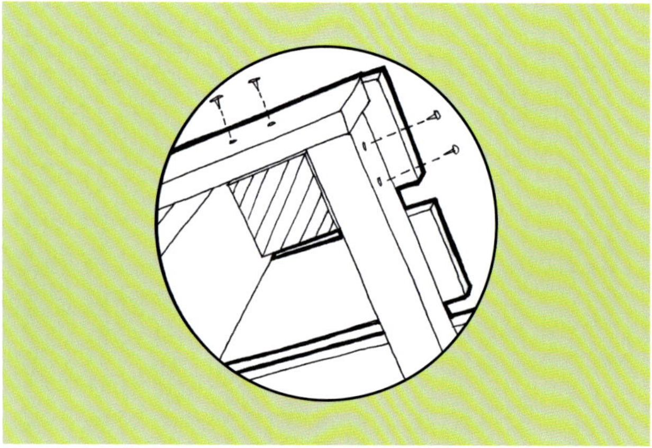

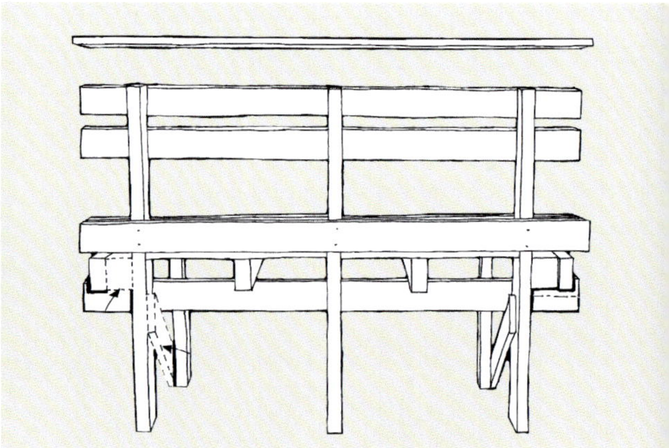

3. Assemblez l'assise et le piétement en clouant sous le banc des pièces de bois (découpées dans des chutes de chevrons) entre les chevrons aux extrémités des deux palettes.

4. Assemblez l'assise et le dossier à l'aide de dés cloués entre les chevrons des deux palettes (pièce D sur le schéma).

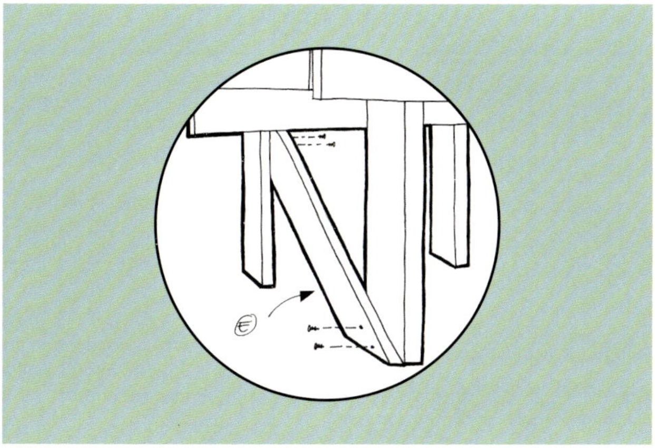

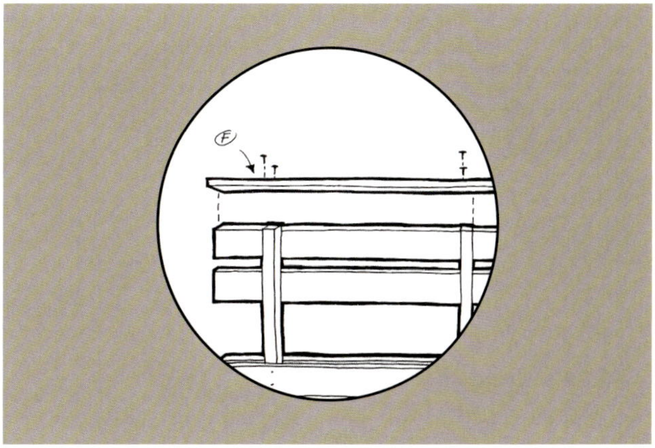

5. Fabriquez les traverses (pièce E sur le schéma) à partir de planches enlevées précédemment sur les palettes. Retournez le banc et positionnez la planche sur l'extérieur du pied avant et sur l'intérieur du pied arrière. Tracez les traits de coupe, puis sciez. Fixez les traverses aux chevrons avec des vis à bois antifendage en inox.

6. Clouez une planche (pièce F sur le schéma) sur le haut de l'assise pour parfaire la finition du banc. Poncez grossièrement le banc pour ôter les aspérités du bois.

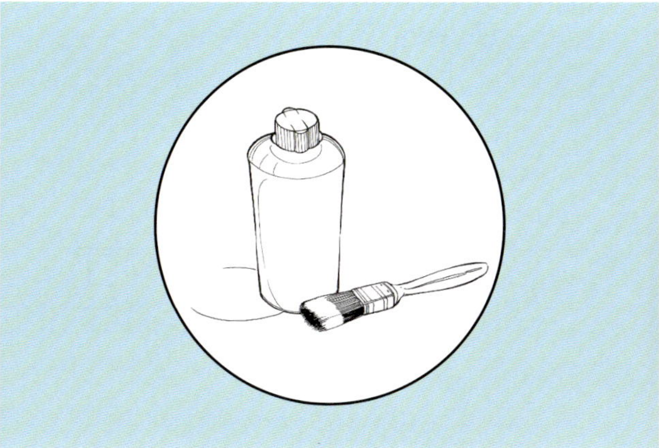

7. L'huile de lin additionnée d'essence de térébenthine est une protection classique et peu coûteuse qui conserve l'aspect naturel du bois. Diluez 1 volume d'huile avec 1 volume d'essence de térébenthine, et appliquez au pinceau. Essuyez le surplus avec un chiffon doux. Laissez sécher 24 heures entre deux couches.

8. Un petit jardin intégré au banc ? Clouez des planches à l'intérieur du dossier et disposez des plantes aromatiques ou autres fleurs en pot…

Philippe Besnard
France

Surplombant l'océan Atlantique, cette cabane sur pilotis est le rêve de beaucoup d'enfants devenus grands ! Imaginé et créé en 2008 par Philippe Besnard, ce cube de 8 m² est entièrement construit en palettes en bois, normées Europe. Un cube nommé Le Modulopal®, dont « le volume intérieur utile se trouve rapporté à 226 cm, une cotation répertoriée au Modulor de Le Corbusier »*, et qui devient la base pour la construction de cabanes.
En 2011, la cabane s'exile au bord de la mer, à Pornic. Son propriétaire, M. Hervouët, y associe des matériaux de récupération pour la transformer en pêcherie. Une réalisation unique qui présente des avantages : « Elle est plus lumineuse à l'intérieur que les pêcheries traditionnelles » et « son coût est presque dix fois moins élevé que celui d'une construction classique ».
Traitées au sel de bore avant leur assemblage, les palettes Europe garantissent la solidité de la cabane grâce à leur résistance mécanique, ce qui assure ainsi à la pêcherie de pouvoir faire face aux intempéries.

*Le Modulor, notion architecturale inventée par Le Corbusier en 1943, est défini comme « la mesure harmonique à l'échelle humaine applicable universellement à l'architecture et à la mécanique ». Il s'inspire de travaux consacrés au nombre d'or dans la nature et dans l'art.
Le Modulor, Éditions de l'Architecture d'Aujourd'hui, 1949.

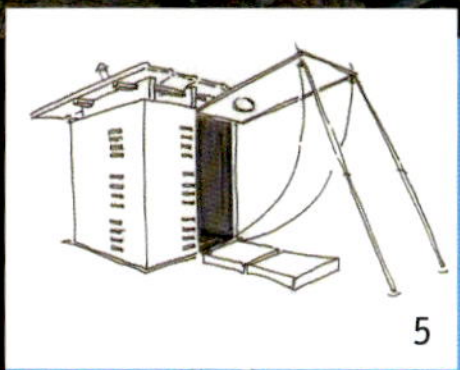

1. Pêcherie à Pornic. ▪ 2. Montage du plancher. ▪ 3. Montage de la toiture.
4. Logo Modulopal. ▪ 5. Dessin abri d'urgence. ▪ 6. Montage des murs.

Jules Ro
Kn
Jules Romains Knock

LE CHEVET-LAMPE LISETTE

Le chevet-lampe est-il un luminaire ou bien un meuble ? Sans doute les deux à la fois. Certes, *Lisette* a le dessin d'une lampe, et en plus, elle éclaire. Mais elle fait aussi office de chevet puisque nous pouvons y ranger des livres ou bien poser dessus un réveil. Une création multifonctions qui nous évite l'écueil de la lampe qui tombe par terre lorsque nous posons un ouvrage sur la table de nuit !

Mr&Mlle ont adopté *Lisette*. Dans l'univers des luminaires, la liseuse est une lampe de lecture. Le chevet-lampe aussi, *Lisette* est donc une adaptation de ce mot version « prénom ».

CRÉATION :
MR&MLLE®

LE CHEVET-LAMPE LISETTE

LA BOÎTE À OUTILS

Matériel

- Scie à métaux
- Scie sauteuse
- Scie cloche
- Perceuse visseuse-dévisseuse
- Ponceuse triangulaire
- Serre-joints
- Marteau
- Agrafeuse-cloueuse manuelle
- Pinceaux : 1 pinceau plat et 1 petit pinceau rond

Fournitures

- 1 palette à chevrons pour récupération de 6 planches *(ici, modèle de 1 150 x 1 150 mm)*
- Vis à bois antifendage
- Kit douille et fil électrique avec interrupteur et fiche mâle intégrés
- Ampoule 40 W basse consommation
- Priplak®
- Peinture bois de la couleur de votre choix

Des détails qui comptent : un espace prévu pour ranger livres et magazines ou pour poser un réveil. La création a une double fonction grâce à la lampe installée de l'autre côté du chevet.

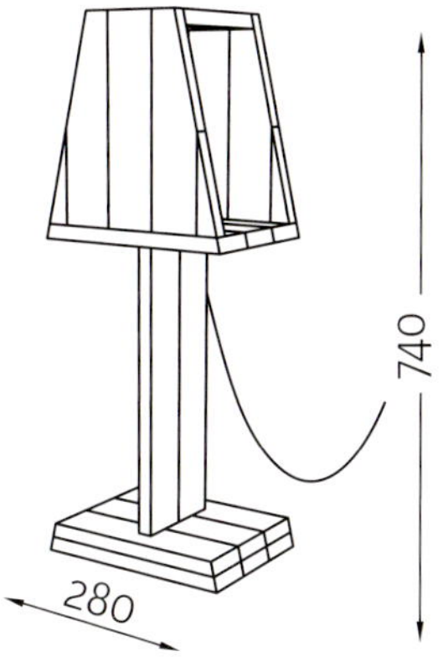

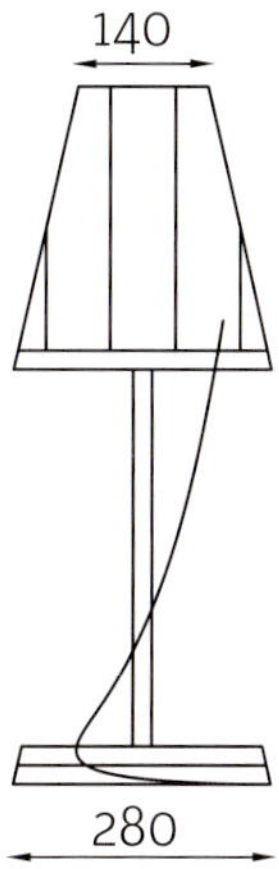

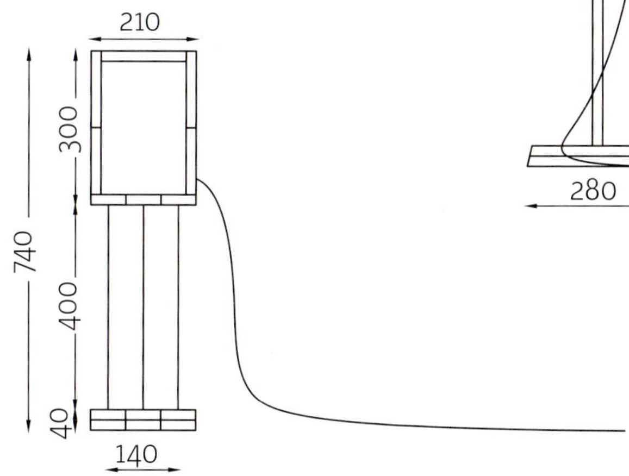

Toutes les cotes présentées dans les schémas sont en millimètres.

Réalisation

1. Démontez la palette selon la méthode 3 (cf. Le démontage d'une palette en bois, p. 16) pour récupérer 6 planches (dimensions : L. 1 150 x l. 75 x e. 18 mm).
Pour réaliser la base de la lampe, coupez dans une première planche 3 pièces de 300 mm, et dans une seconde, 4 pièces de 225 mm.

2. Maintenez ensemble les 3 pièces de 300 mm avec des serre-joints pour effectuer le tracé des encoches qui accueillent le pied de la lampe.

3. Tracez les repères pour la coupe des encoches : un trait au centre de la largeur, un trait perpendiculaire au précédent au centre des planches extérieures, puis les dessins des encoches dont la taille est déterminée par l'épaisseur des planches, soit 18 mm. Sciez les encoches avec une scie sauteuse.

4. Coupez 2 pièces de 410 mm pour réaliser le pied de lampe. Positionnez-les avec précision sur la base et reportez les mesures tracées précédemment. Sciez.

5. Emboîtez les planches en vous aidant d'un marteau et d'une cale de frappe.

6. Vissez la base sur le pied, puis consolidez-la en vissant dessous les 4 planches de 225 mm découpées à l'étape 2.

7. Découpez la base en biseau à 30° avec la scie sauteuse.

8. Vissez 3 planches de 300 mm sur le dessus du pied de la lampe, puis, comme pour la base, coupez-les en biseau à 30°.

Réalisation

9. Pour réaliser les côtés du diffuseur de la lampe, découpez 6 planches de 230 mm. Sciez 2 de ces planches dans leur diagonale.

10. Vissez les éléments constituant les côtés du diffuseur sur le pied de la lampe, puis clouez le haut des planches biseautées à l'aide d'une agrafeuse-cloueuse.

11. Pour fermer le dessus du diffuseur, découpez 2 planches de 185 mm. Sciez l'une d'elles en son milieu sur sa longueur, puis effectuez une découpe en biseau à 30° sur les deux arêtes visibles. Vissez la première planche au centre des deux côtés, puis les moitiés de la seconde aux extrémités. Poncez.

12. Placez une planche à l'intérieur du diffuseur pour séparer la bibliothèque de la lampe. Positionnez-la derrière le pied de lampe afin de la visser par en dessous. Calez une planche perpendiculairement à la précédente et tracez les repères de coupe. Sciez en biseau à 30°. Cette pièce est le support de la douille.

13. Mesurez et tracez l'emplacement de la douille, puis percez le trou avec une scie cloche. Insérez la douille sur son support. Vissez ce dernier à l'intérieur du diffuseur.

14. Percez un trou sur le côté du diffuseur pour le passage du fil. Finalisez l'installation électrique.

15. Découpez une pièce de Priplak® de 185 x 230 mm, puis fixez-la sur la planche intérieure du diffuseur avec l'agrafeuse-cloueuse. Indéchirable et façonnable, le Priplak® est un matériau très résistant. *Attention : le Priplak® et l'ampoule ne doivent pas se toucher !*

16. Appliquez la peinture de chaque côté du chevet-lampe afin d'accentuer la silhouette d'une lampe lorsque l'on regarde la création de profil. Passez deux couches de peinture en ponçant légèrement au papier abrasif fin entre les deux. *Réf. : Peinture Bois Déco/Blanc Coco - V33*

INTÉRIEURS PAR
PHILIPPE STARCK
KELLY HOPPEN
JADE JAGGER
MARCEL WANDERS
pal
MACHINES DE SPECTACLE

LA BIBLIOTHÈQUE BIBLIO'PAL

La bibliothèque n'est pas un meuble comme les autres. Loin de l'image des ouvrages poussiéreux soigneusement alignés, ce meuble a évolué et accueille aujourd'hui plus que des livres ! Riche d'un contenu où les ouvrages côtoient des objets divers et variés, cette bibliothèque possède un caractère très intime, reflet de la personnalité de ses propriétaires. Jouez avec le principe de construction de *Biblio'Pal* pour créer une bibliothèque sur mesure et unique.

Biblio'Pal vient de la fusion des mots « bibliothèque » et « Modulopal ». Un néologisme simple qui rappelle par la syllabe « pal » l'objet premier de la création : la palette.

CRÉATION :
MODULOPAL

LA BIBLIOTHÈQUE BIBLIO'PAL

LA BOÎTE À OUTILS

Matériel

- Scie égoïne
- Perceuse-visseuse
- Perceuse à colonne
- Mèche à bois : ø 14 x L. 300 mm
- Disqueuse
- Marteau
- Maillet
- Masse
- Ponceuse excentrique
- Serre-joints

Fournitures

- 8 palettes à dés Europe, 800 x 1200 mm
- 32 dés
- Vis à bois antifendage
- 4 pieds de meuble en plastique noir, fixation par vis *(ø 60 x H. 25 mm)*
- 2 fers à béton torsadé *(ø 10 mm x L. 6 m)* : coupez 4 longueurs de 2 m chacune.

Des détails qui comptent : les fers à béton assurent un bon équilibre à la bibliothèque. La hauteur des étagères varie pour accueillir divers objets.

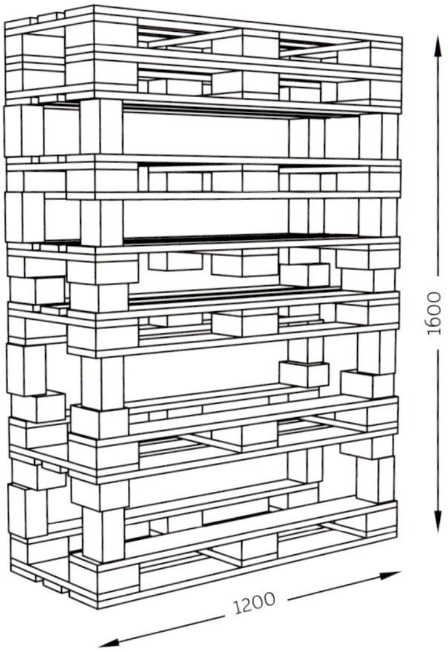

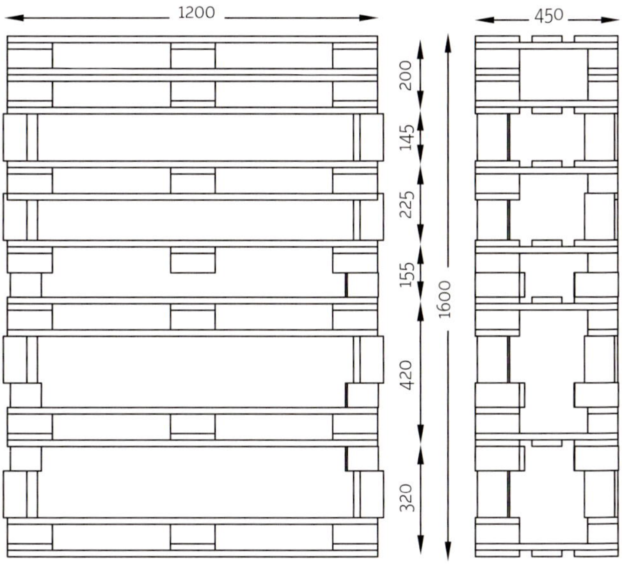

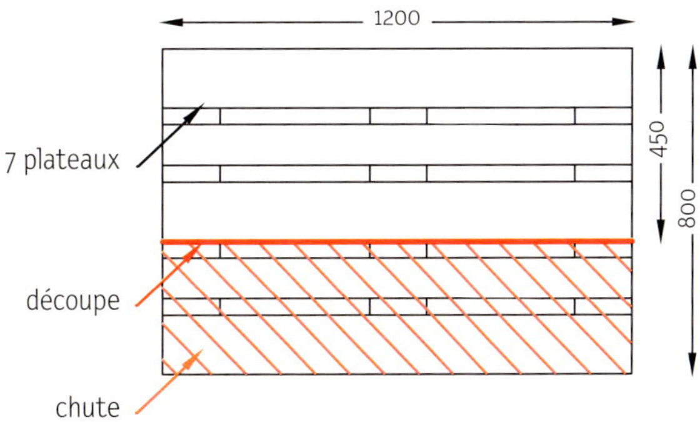

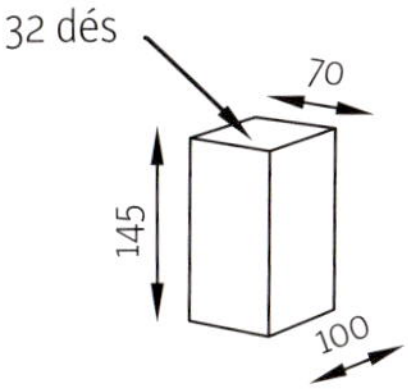

Toutes les cotes présentées dans les schémas sont en millimètres.

Réalisation

1. Découpez les 7 palettes selon le plan, le long des dés centraux, pour obtenir des palettes à 3 planches.

2. Sur 5 des palettes, sciez entre les dés une planche inférieure.

3. Sur les 2 palettes restantes, enlevez les planches inférieures et les dés selon la méthode 2 (cf. Le démontage d'une palette en bois, p. 16). Supprimez les clous restés dans les planches à l'aide d'une disqueuse.

4. Récupérez 32 dés sur des palettes à dés et sur vos chutes en veillant à leur uniformité – une étape longue et fastidieuse ! Autre solution : renseignez-vous auprès d'un reconditionneur « complaisant » qui pourra peut-être vous fournir quelques dés à un prix raisonnable.

5. Poncez les palettes et les dés à l'aide de la ponceuse excentrique équipée d'un papier abrasif à gros grain.

6. Afin de déterminer l'emplacement des trous des 7 plateaux de manière régulière, fabriquez un gabarit de perçage. Pour cela, découpez la 8e palette comme celles de l'étape 3 (ni dés ni planches inférieures) et réalisez un cadre pour chaque angle avec des chutes de planches.

7. Tracez sur le dé l'emplacement du trou en prenant comme mesure 50 x 50 mm depuis les bords du dé. Effectuez cette opération pour les quatre coins. Reportez vos mesures sur le gabarit.

8. Avec une perceuse équipée d'une mèche à bois de Ø 14 mm, percez le gabarit et la palette. Répétez l'opération avec les 6 autres palettes.

Conseil : positionnez avec soin le gabarit. Chaque palette étant différente, il se peut que vos trous se trouvent parfois décalés de quelques millimètres.

Réalisation

9. Insérez les 4 fers à béton (L. 2 m) dans le premier élément, une palette retournée.

Astuce : découpez vos fers à béton lors de l'achat, les magasins prêtant gracieusement la pince spéciale pour le faire.

10. Tracez l'emplacement du trou pour le perçage des dés en positionnant chaque fois ces derniers sur le dé précédent, le long des fers à béton. Vous déterminez ainsi le décalage souhaité pour chacun.

11. Le travail de perçage des dés étant assez long, nous recommandons l'utilisation d'un outillage spécialisé, la perceuse à colonne, pour percer bien droit. Vous pouvez néanmoins utiliser une perceuse installée sur un support vertical ou bien munie d'un guide de perçage.

12. En suivant les indications du plan, empilez sur les fers à béton les dés et les palettes, avec l'aide d'une autre personne. Vous pouvez, selon vos besoins, adapter la hauteur des étagères en ajoutant ou en enlevant des dés.

13. Couchez la bibliothèque une fois que tous les éléments sont empilés.

14. À l'aide d'une masse, pliez les fers à béton situés sous le meuble.

15. Fixez les 4 pieds en plastique noir.

16. Redressez la bibliothèque, puis pliez les fers à béton situés dessus à l'aide d'un serre-joint. Quelques coups de masse, très délicats, peuvent faciliter l'opération.

MODULOPAL®

Philippe Besnard, créateur de mobilier et de cabanes

Philippe en 6 dates

1955 : Naissance à Tours.

1975 : Diplôme de l'École supérieure des beaux-arts de Tours.

1986 : Diplôme de Promoca, École d'architecture de Nantes.

1990 : Premier regard porté sur l'objet « palette » avec une réflexion sur la conception d'un abri d'urgence en palettes.

2007 : Création du cube Modulopal® en palettes Europe.

2009 : Lauréat du concours SEMA avec le Modulopal Fauteuil Club®. Lancement de la ligne de meubles Modulopal Mobile Mobilier®.

Salarié à l'Inserm du lundi au vendredi, Philippe est créateur le reste du temps. De la cabane au fauteuil, il travaille depuis plus de dix ans sur un seul type de palette pour exprimer sa créativité : le modèle normé Europe. Une aventure débutée en 2007 avec la construction d'un cube : « Un cube est un volume aux dimensions égales, répétées, qui peut entrer dans une suite répliquable à souhait ». Un jeu de construction qu'il poursuit depuis, en concevant des meubles sous le nom Modulopal®. « Le mobilier fait partie du champ des besoins quasi permanents et réguliers. Dans ce domaine, la palette en bois apporte des réponses personnelles et originales qui s'inscrivent dans une démarche qualifiable de "durable". »

Comment avez-vous abordé la création de mobilier en palettes en bois ?
Lorsque j'ai commencé à travailler sur la palette en bois, je l'ai regardée comme un module, un élément de jeu de construction. Après l'avoir assemblée en mode plan, j'ai voulu lui faire rencontrer le corps humain et la relier à des usages quotidiens ou originaux. Méridienne, fauteuil et banquette sont nés ainsi...

Quelles ont été vos inspirations à l'origine de la création de Biblio'Pal ?
C'est un jeu d'empilement de plateaux et de dés ; des dés qui sont volontairement décalés les uns par rapport aux autres pour créer l'illusion du déséquilibre sur un objet parfaitement équilibré. Cela interpelle : est-ce que cet ensemble tient ? Oui, mais en faisant état d'une façade au petit air bancal.

Quels sont les avantages ou les inconvénients de la palette ?
La palette est un objet « démocratique ». Elle est bien diffusée, accessible pécuniairement, voire gratuite lorsqu'elle est abandonnée. Les inconvénients relèvent plus de ses aspects bruts, de son poids à la manipulation et de ses assemblages parfois difficiles à déstructurer.

Vos conseils pour se lancer dans la création de meubles et d'objets en palettes ?
Soit le meuble est un besoin, soit la matière présente avance l'idée. Dans les deux situations, avec de l'envie, un peu d'outillage, un peu d'espace et de temps, il est assez facile de se lancer. Et puis les déchets de bois peuvent servir en bois de chauffage ; il n'y a pas de perte, et la boucle est bouclée !

Modulopal

Tél. : 06 31 98 35 96 - modulopal@gmail.com
www.modulopal.com

LE LAMPADAIRE LA PART DE L'OMBRE N°2

Lampadaire ou applique ? À la fois au sol et au mur, ce luminaire joue la carte de la double fonction. Fonctions imaginées à partir de chutes de palettes pour aller encore plus loin dans la démarche de récupération. Une composition simple, dépouillée, dont le jeu de l'ombre portée ne laisse pas indifférent.

La part de l'ombre N°2 ? « La part de l'ombre » pour les ombres que la lumière projette sur le mur comme le double déformé de la lampe. « N°2 » car l'un des luminaires de Philippe Daney porte déjà ce nom.

CRÉATION :
PHILIPPE DANEY

LE LAMPADAIRE LA PART DE L'OMBRE N°2

LA BOÎTE À OUTILS

Matériel	Fournitures
▪ Scie égoïne ▪ Marteau ▪ Visseuse-dévisseuse ▪ Ponceuse excentrique + cale à poncer ▪ Chiffon	▪ 2 chutes de palettes réversibles à chevrons, 770 x 370 mm *(les chutes utilisées ici sont celles du fauteuil* Charles-Édouard*)* ▪ 2 planches de palette ▪ Bande aluminium ▪ Kit ruban à LED *(comprenant une bobine de ruban à LED, les connecteurs et un transformateur)* ▪ Alcool à brûler ▪ Clous ▪ 12 petites vis à bois ▪ 1 équerre de chaise, L. 20 mm

Des détails qui comptent : une lampe 100 % récup' grâce à l'utilisation de chutes de palettes. Un jeu d'ombres et de lumières se dégage de la création lorsqu'elle est collée au mur.

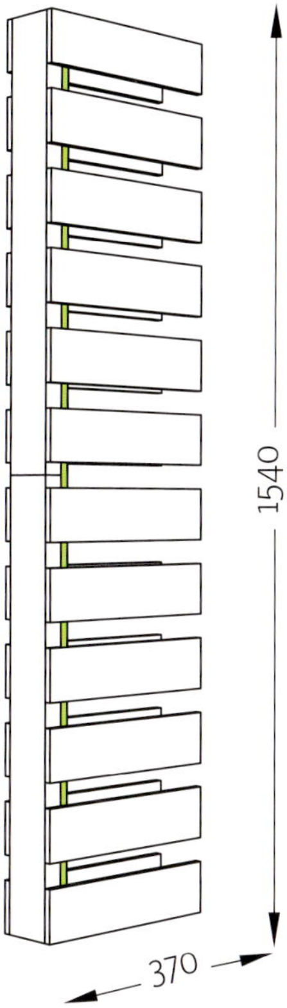

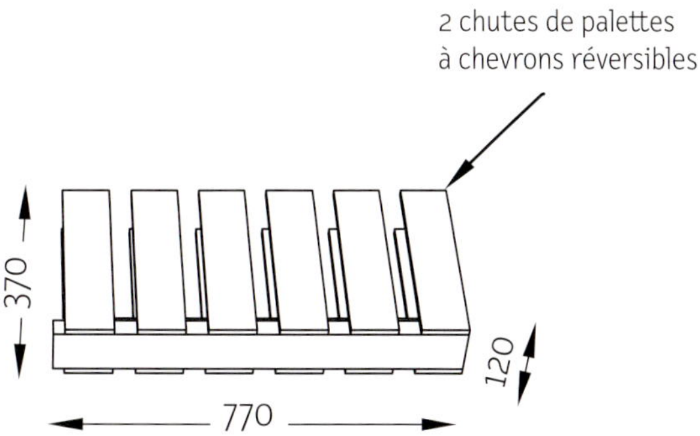

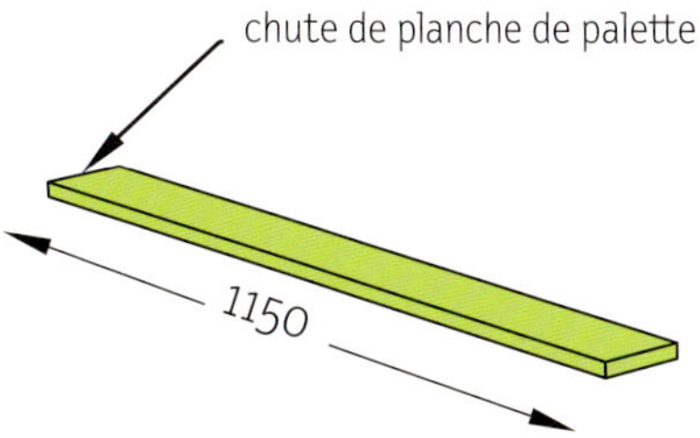

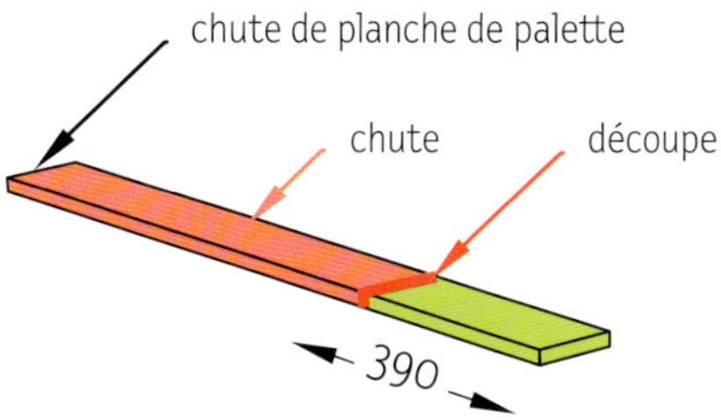

Toutes les cotes présentées dans les schémas sont en millimètres.

Réalisation

1. Pour assembler la structure du lampadaire, positionnez les 2 planches à l'intérieur des chutes alignées sur le sol. Marquez l'excédent de planche, puis sciez.

2. Vissez les planches sur les chevrons.

3. Pour les planches de palette un peu « bancales », renforcez-les en les clouant aux chevrons. Poncez l'ensemble en vous aidant d'une cale à poncer pour l'intérieur du lampadaire et les arêtes des planches.

4. Découpez 1,40 m de bande en aluminium, support au ruban à LED qui ne colle pas sur le bois, mais également indispensable pour refroidir ce dernier. Adaptez la longueur du ruban à la bande métallique en respectant les repères de coupes de votre produit (matérialisé par un trait ou des ciseaux).

5. Le ruban à LED se présente sous la forme d'un flexible équipé de LED. Muni d'un adhésif au verso, il se colle facilement sur une surface plane et sèche. Disponibles en grandes surfaces de bricolage et sur Internet, les kits LED sont faciles à installer et ne nécessitent pas de soudure pour le branchement électrique.

6. Procédez à l'installation du ruban à LED : après avoir dégraissé la bande en aluminium avec de l'alcool à brûler pour garantir une meilleure adhérence, collez délicatement dessus le ruban à LED. Branchez les connecteurs du transformateur au ruban en suivant la notice de votre produit.

7. Vissez la bande en aluminium à l'intérieur de la structure du lampadaire.

8. Afin d'assurer la stabilité du luminaire contre le mur, fixez-le à l'aide d'une équerre de chaise vissée à l'intérieur d'une planche et au mur.

LA TABLE DE REPAS LINE UP

Avec un principe d'assemblage extrêmement simple, *Line Up* est une création dont la taille est modulable à souhait. Elle est ici réalisée en version XXL, puisqu'elle fait 2,40 m de long, mais vous pourrez adapter sans difficulté ses dimensions à vos besoins. L'idée de départ est de jouer avec les formes de la palette pour dessiner une vague de lignes continues, des pieds au plateau.

Cette création puise son nom dans le lexique du surf. Le *line up* est la zone du plan d'eau où déferlent les séries de vagues. *Line Up*, un nom imagé pour souligner les lignes qui courent le long de la table.

CRÉATION : LES M&M DESIGNERS

LA TABLE DE REPAS LINE UP

LA BOÎTE À OUTILS

Matériel

- Scie égoïne
- Scie sauteuse
- Visseuse-dévisseuse
- Ponceuse excentrique *(papier abrasif gros grain et moyen grain)* + cale à poncer *(papier abrasif grain 240)*
- Serre-joints
- Pinceaux : 1 pinceau plat pour vernis *(50 ou 60 mm)*

Fournitures

- 4 palettes à 9 dés identiques (800 x 1 200 mm), dites « lourdes » car elles sont plus solides pour supporter la charge
- 2 planches de palettes pour fabriquer les traverses du plateau
- Vis à bois antifendage
- 11 plaques d'assemblage perforées 60 x 160 mm
- 6 équerres mixtes renforcées 75 x 100 x 60 mm
- Vernis à l'eau incolore mat spécial cuisine

Des détails qui comptent : une taille modulable pour adapter la création à ses besoins.
Une création aux lignes épurées et continues, du plateau aux pieds.

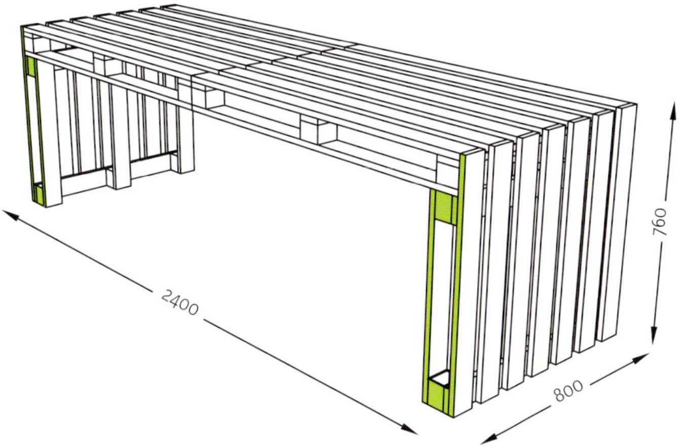

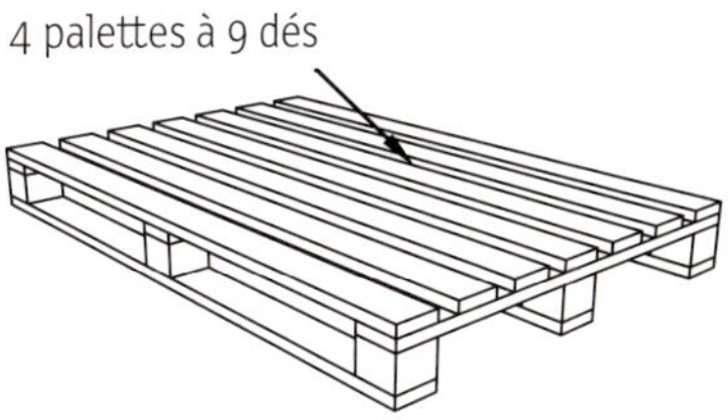

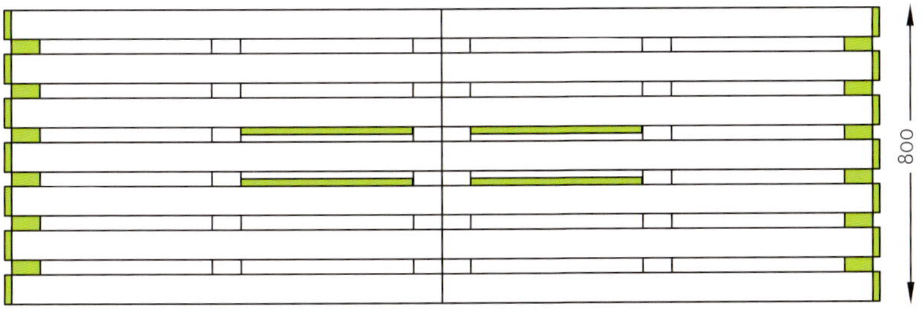

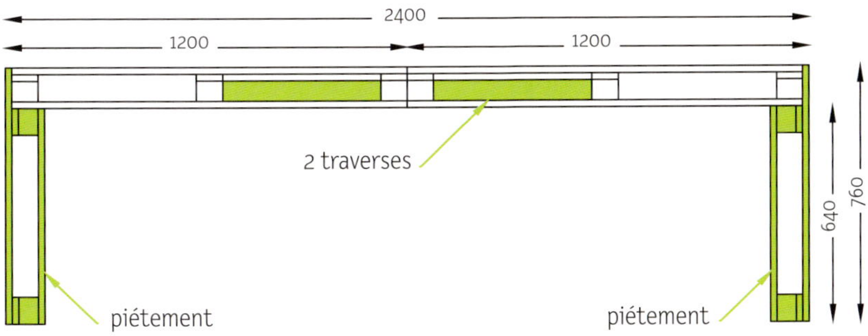

Toutes les cotes présentées dans les schémas sont en millimètres.

Réalisation

1. Mesurez la hauteur d'une des palettes destinées au plateau de la table (dés + planches).
Attention : vérifiez la hauteur sur les 2 palettes.

2. Positionnez les palettes servant de pieds à la verticale et reportez cette mesure sur le plancher supérieur, au-dessus du dé central.

3. Tracez un trait sur la palette pour assurer une coupe droite.

4. Sciez progressivement et de manière régulière afin d'obtenir un résultat de qualité, car il n'est pas évident de couper parfaitement en ligne droite avec une scie sauteuse. Pour vous aider, vous pouvez appuyer le guide de la scie le long d'une règle ou d'une planche bien droite.

5. Retournez la palette et tracez les repères de coupe le long des dés centraux sur le plancher inférieur.

6. À l'aide de la scie sauteuse, sciez les planches au ras des dés centraux.

7. Poncez tous les éléments avec la ponceuse excentrique en commençant avec du papier abrasif gros grain et en finissant avec un grain moyen. Destiné à un usage quotidien, le meuble doit être rigoureusement bien poncé. Utilisez la cale à poncer pour parfaire les endroits peu accessibles et les arêtes franches.

8. Pour l'assemblage du plateau, alignez sur l'envers les 2 palettes et maintenez-les au niveau de la jonction des dés à l'aide de serre-joints.

Réalisation

9. Vissez 2 plaques d'assemblage pour la liaison des dés situés aux extrémités du plateau.

10. Astuce bricolage :
Si la taille de votre visseuse ne vous permet pas de la glisser entre deux dés, optez pour un tournevis cliquet à poignée T. Avec son manche ergonomique et maniable, c'est un outil d'appoint idéal pour accéder aux endroits difficiles et visser ou dévisser rapidement.

11. Pour assurer la rigidité du plateau, vissez des traverses de part et d'autre des dés centraux avec les plaques d'assemblage.

12. Positionnez les pieds sur le plateau retourné.

13. Maintenez les pieds au plateau à l'aide de serre-joints, puis assemblez-les avec 3 équerres mixtes renforcées de chaque côté.

14. Appliquez au pinceau une première couche de vernis uniquement sur les surfaces externes de la table (plateau et pieds). Laissez sécher, puis poncez légèrement avec un papier abrasif fin, grain 240. Dépoussiérez, puis passez une seconde couche de vernis.
Réf. : Vernis Cuisine & Bains/Incolore mat - V33

15. Si l'espace entre vos planches est trop important, vous pouvez recouvrir le plateau d'une plaque de verre. Autre solution, plus économique et décorative : le set de table. Vous éviterez ainsi le verre bancal ou la petite cuillère glissant entre deux planches !

MOST Architecture

Pays-Bas

Paul & Saxon-Lear en 6 dates

1978 : Naissance de Paul à Horst (Pays-Bas).

1980 : Naissance de Saxon-Lear à Harare (Zimbabwe).

2007 : Diplôme de l'Université de technologie de Delft (Pays-Bas).

2008 : Rencontre avec l'architecte japonais Sou Fujimoto lors d'une conférence.

2009 : L'agence Most Architecture est sélectionnée pour le Prix de Rome.

2010 : Premier projet réalisé par l'agence.

Les architectes néerlandais Paul Geurts et Saxon-Lear Duckworth, du cabinet MOST Architecture, ont imaginé un concept étonnant pour l'aménagement des locaux de l'agence de publicité BrandBase à Amsterdam : un agencement créatif répondant aux souhaits du client et aux contraintes du lieu, une maison typique du canal, étroite et toute en longueur.
À l'origine, BrandBase désirait pour ses nouveaux locaux un aménagement provisoire à partir de matériaux « authentiques et recyclables ». L'agence MOST Architecture imagine alors pour ces 245 m² un agencement entièrement réalisé en palettes en bois, normées Europe. Au total, 270 palettes serviront à la réalisation du projet. Tables, escaliers, bureaux ou estrades, la structure évolue en fonction des positions et superpositions des palettes. Un concept de bureaux ouverts, où chaque espace possède sa fonction : salle de réunion, bureaux, réception...
« Un paysage ouvert et autonome constitué de trois couches. » La première, l'espace existant, est repeint complètement en blanc pour fournir une base homogène à la structure en palettes. La deuxième se compose des palettes elles-mêmes, qui dessinent les volumes. La troisième est la décoration, avec des meubles, des luminaires et des rampes d'escaliers dont le point commun est le noir.

Most Architecture - Paul Geurts & Saxon-Lear Duckworth

Westzeedijk 399 - 3024 EK Rotterdam - Tél. : (31) 6 45 15 26 88

info@mostarchitecture.com - www.mostarchitecture.com

2

3

1

6

5

4

CARNET D'ADRESSES

■ Daney Factory/Philippe Daney
13, rue de Bray - 35777 Cesson-Sévigné
Tél. : 02 99 14 36 99
collectif@agence-daney.com / www.philippedaney.com

■ Edmond - Mobilier & Objets Vintage (chaises - photo p. 180)
Annabel Gueret
Loft des Mandarines - 37, quai de Versailles - 44000 Nantes
Tél. : 06 07 04 98 25
annabel@edmond.tm.fr / www.edmond.tm.fr

■ Enzo Mari e Associati
Piazzale Baracca 10 - I-20123 Milan - Italie
Tél. : 00 39 02 481 7315

■ Fabrice Peltier
24, rue de Richelieu - 75001 Paris
Tél. : 01 44 85 86 00 / gallery@p-reference.fr
www.p-reference.fr / www.designpackgallery.fr /
www.allee-du-recyclage.fr

■ Karl Zahn
860 Manhattan Ave #4R - Brooklyn NY, 11222 - États-Unis
Tél. : 415.202.3661
karl@oboiler.com / www.oboiler.com

■ Le blog de Béa
bea4273@gmail.com
http://beatrice4273.canalblog.com

■ Le Fourbi Créatif de Macha/Marion Davaud
6, rue des Pêcheurs - 44140 Remouillé
Tél. : 02 40 06 62 56
contact@lefourbicreatifdemacha.fr /
www.lefourbicreatifdemacha.fr

■ Les P'tits Bobos - Mobilier et décoration pour enfants
(chaise, guirlande, coussins et couette - photo p. 18)
Catherine Daunay
33, rue Léon-Jamin - 44000 Nantes
Tél. : 02 40 48 05 40
contact@lesptitsbobos.fr / www.lesptitsbobos.fr

■ Les M&M Designers
Martin Lévêque
44, rue Eeckelaers - 1210 Bruxelles - Belgique
kadiak29@hotmail.com
http://be.net/martinleveque
Mathieu Maingourd
13, rue Barbe-Torte - 44200 Nantes
math_ology@hotmail.com
http://dopirate.free.fr
Le créabook d'Audrey Kerampran : www.creabook.com/audrey-k

■ Modulopal/Philippe Besnard
Tél. : 06 31 98 35 96
modulopal@gmail.com / www.modulopal.com

■ Most Architecture
Paul Geurts & Saxon-Lear Duckworth
Westzeedijk 399 - 3024 EK Rotterdam - Pays-Bas
Tél. : (31) 6 45 15 26 88
info@mostarchitecture.com / www.mostarchitecture.com

■ Mr&Mlle/Bénédicte Lagrange et Jean-Marie Reymond
6 bis, rue Noire - 44000 Nantes
Tél. : 02 40 48 54 96
contact@mretmlle.com / www.mretmlle.com

■ PGS - Palettes Gestion Services
Centre Multi-Marchandises - BP 495 - 76807 Saint-Étienne-du-Rouvray Cedex
Tél. : 02 35 66 02 78
www.groupepgs.com

■ Studiomama/Nina Tolstrup
21-23 Voss Street - E2 6JE London - Angleterre
tolstrup@studiomama.com / www.studiomama.com

■ SYPAL - Syndicat de l'industrie et des services de la palette
6, rue François Ier 75008 Paris
Tél. : 01 56 69 52 01
info@sypal.eu / www.sypal.eu

■ V33 - Peintures
Tél. : 03 84 35 00 00
www.v33.fr

■ Falbala Luminaires
Câbles électriques décoratifs
14, rue Saint-Pierre - 84400 Apt
Tél. : 04 90 75 16 01
falbala@falbala-luminaires.com / www.falbala-luminaires.com

■ Photographe
Jérôme Blin
Tél. : 06 87 38 88 59
jerome.blin22@yahoo.fr / www.bellavieza.com

■ Styliste-décoratrice
Marie-Noëlle Salaün
Tél. : 06 80 78 74 40
salaun.m.n@gmail.com / www.marienoellesalaun.com

SITES WEB

■ **Ana White**
Un site exceptionnel où le DIY est à l'honneur. Avec plus d'une centaine de plans à disposition, Ana White et les membres du site proposent de faire soi-même une multitude de meubles et d'objets, dont certains en palettes en bois.
http://ana-white.com

■ **Apartment Therapy**
Un site qui liste un grand nombre de créations avec de très belles photos.
www.apartmenttherapy.com

■ **Design Sponge**
Encore des DIY ! Avec une mention spéciale pour la bibliothèque de Claire.
www.designsponge.com

■ **Éric Bricol...**
Grâce aux précieux conseils d'Éric, fabriquez un fauteuil Adirondack à partir de bois de palettes. Plans, photos, pas à pas, ce passionné de bricolage partage son savoir-faire en toute simplicité.
http://ericbricol.canalblog.com

■ **Erie Stuff**
Un pas pas à pas pour fabriquer sa table de pique-nique.
http://eriestuff.blogspot.com

■ **Esprit cabane**
Loisirs créatifs, décoration, bricolage... Esprit cabane se consacre à l'écologie pratique. Des idées créatives à réaliser grâce aux tutoriels et aux plans proposés en ligne. Un contenu riche et original !
www.espritcabane.com

■ **Graine de Nature**
Un tutoriel pour fabriquer une cabane.
www.grainedenature.net/article-3620780.html

■ **Hylé Recyclé**
Antony propose une jolie collection de mobilier de jardin en bois de palettes. Créations personnelles ou inspirées du designer Enzo Mari, toutes les pièces sont proposées brutes ou en couleurs.
www.lumiair.e-monsite.com / www.hyle-recycle.e-monsite.com

■ **Made by Isa**
Isabelle récupère, recycle, customise. Du bois au textile, ses doigts de fée créent des objets uniques et des meubles originaux. Les créations en palettes sont à découvrir de toute urgence...
http://madebyisa.canalblog.com

■ **Neomansland**
www.neomansland.info

■ **Pallet Ecologico**
Retrouvez des tutoriels en ligne pour réaliser un lit ou un banc.
palletecologico.wordpress.com

■ **« Pallet House »**
Découvrez le travail des architectes autrichiens Andreas Claus Schnetzer et Gregor Pils. La palette en version XXL !
www.palettenhaus.com

■ **Potager au Balcon**
Téléchargement gratuit d'un livre numérique pour réaliser un bac à fleurs en bois de palettes.
www.potager-au-balcon.com

■ **ReadyMade**
De nombreux plans à télécharger pour la création de mobilier en palettes.
www.readymade.com

■ **re-nest**
Des réalisations, sources d'inspiration. Recherchez « pallet plate rack » sur ce site, une création simple et efficace.
www.re-nest.com

■ **Salamanca Design&Co**
Un bel exemple d'éco-design.
www.salamancadesign.com/etnico/etnicoA.php

■ **Shelterness**
De la jardinière verticale au canapé, découvrez des projets qui rivalisent de créativité...
www.shelterness.com

■ **« Terrasse de quatre sous »**
Lors de l'édition 2009 de Jardins, Jardin à Paris, la société Capsel et la paysagiste Sophie Savoie ont exposé une réalisation 100 % récup'.
www.capsel.com / http://mag.plantes-et-jardins.com

REMERCIEMENTS

Aux créateurs et designers ayant collaboré à cet ouvrage, pour leurs conseils et leur grande disponibilité.
À François Janvier, Nicolas Piveteau et Vincent Fayer des Compagnons du Devoir.
À Alban, de Jo&Gaston Production, pour son accompagnement.
À nos partenaires : le groupe PGS et V33.
Aux anonymes qui ont contribué à la concrétisation de ce projet et auxquels nous sommes reconnaissants : Alexandre, Benoît, Cédric, Gaëtan, Genève et Nicolas, Jonathan, Laurent Guillon, Margot et Jules, Michel, Monique et Pierre, Nell, Tesslye.

CRÉDITS

Couverture : © Kevin Burke/Corbis **Jaquette :** © Jérôme Blin.
Photographies : © Jérôme Blin, à l'exception des pages 41 : © Nina Tolstrup, © Stine Raarup, © Richard Davies, © Jonathan, © Gavin Turk ; 65 : © Fabrice Peltier ; 123 : © Karl Zahn ; 155 : © André Hervouët ; 189 : © Rogier Jaarsma/www.rogierjaarsma.nl
Dessins : © Jean-Marie Reymond/Mr&Mlle ®
Plans : © Les M&M Designers
Décors : Jérôme Blin et Aurélie Drouet ; décors dessinés à la craie pages 32, 66 et 148 : Marie-Noëlle Salaün
Stylisme : Aurélie Drouet et Marie-Noëlle Salaün
Mise en couleur : peintures V33

43 quai de Grenelle, 75905 Paris Cedex 15
www.editionsduchene.fr

Responsable éditoriale : **Nathalie Lefebvre**/Assistante éditoriale : **Fanny Martin**
Directrices artistiques : **Nancy Dorking et Sabine Houplain assistées de Marion Rosière**
Réalisation graphique : **Gaëlle Chartier**/Lecture-correction : **Karine Elsener**
Fabrication : **Nicole Thiériot-Pichon**
Partenariats et ventes directes : **Mathilde Barrois (mbarrois@hachette-livre.fr)**

Photogravure : Reproscan
Imprimé en Espagne par Cayfosa
Achevé d'imprimer en mars 2014
Dépôt légal : avril 2012
ISBN : 978-2-81230-525-2
34/8307/0-03